U0008314

Rich致富 359

疫後經濟大崩盤

通膨海嘯後崩盤的市場與新商機

한상완　조병학
韓相完、趙炳鶴——著

李于珊、顏崇安——譯

高寶書版集團

當全世界都在享受這場派對時，

就是該離開的時候了。

前言
面臨三重泡沫，崩潰的經濟與新機會

扭曲的時間

2020 年對我們來說究竟是什麼呢？2020 年 Covid-19 大流行，是疫情的恐怖感壟罩著整個地球的一年。先不說其他國家，光看韓國股市從 1 月 22 日的 2,267.25 點暴跌到 3 月 19 日的 1,457.64 點，僅僅兩個月的時間就蒸發 810 點、35% 的資產價值，然後到 12 月 30 日再次攀升 97% 來到 2,873.47 點，綜合股價指數不但創下史上最高紀錄，甚至輕鬆超越了暴跌前的 2,267 點。疫情也沒有帶來不動產市場的崩盤，反而招致全球性的價格上漲。經濟一再出現負成長，至今仍未恢復至疫前的水準。但到底要如何說明資產價格失控持續往上漲，讓人不得不聯想到泡沫化的這個現象呢？其實所謂預測未來，只是為這個自相矛盾的狀況尋找解答的過程罷了。

即使現在景氣處於瀕死狀態，只能在谷底掙扎，但這不會再對未來帶來更多的不確定性，因為 Covid-19 的關鍵是集體免疫。這是一場只要研發出疫苗與治療藥物就會消失的危機，它不像次級房貸危機 Subprime Mortgage Crisis 時的金融系統崩盤，產業供給過剩

導致的結構調整等，而是一個雖然讓航空業、旅行業等部分產業直接遭受衝擊，但只要時間一過就會恢復正常的危機。只要堅持到疫苗出來為止就好，因此各國政府將生死繫於疫苗開發或購買上，同時為讓企業與家庭不要垮掉，使用所有可行的方法釋出貨幣，包括零利率、量化寬鬆、財務凍結、補助金等。Covid-19 疫情是可以看得到盡頭的隧道，雖然眼前仍是一片黑暗，但因為可以看到遠方的出口，沒有人對此感到害怕。

　　經濟暫停了，現在大家都不想出外活動，我自己雖然想做一些經濟活動，但害怕影響家人，所以都不敢出門，怕無法承擔因為自己疏忽而讓深愛的家人們遭受苦痛。經濟活動無可避免地陷入極端萎縮，以面對面為主的商業活動全都停止，批發零售業、餐飲業、住宿業等自營事業受到最大的衝擊，隨著保持社交距離強度升高，銷售額大幅銳減到難以維持生計的程度，店家一間間關門大吉。但是，經濟活動並未完全停止，年成長率跌到 -1% 就止住，以這樣的程度來說算是並未受到巨大衝擊，這代表有些產業迎來前所未有的榮景，強度足以和航空業、旅遊業以及批發零售業、餐飲業、住宿業受到的打擊相抗衡。

　　線下生意低迷的程度，反讓線上零接觸生意享受榮景；內需雖低迷，出口卻活絡起來，即使有自營業者陷入生計困難的痛苦中，但薪水族們至少在經濟上感覺不到那麼大的痛苦。這些身處榮景產業的員工們或薪水族們，反而因為賺到的錢無處消費，存下許多存款，因無法出外活動造成消費萎縮，但現在他們的儲蓄

帳戶累積了大量的消費能力。不動產市場與股市的繁榮帶來資產價值大幅上升，不只首都圈，一些非首都圈小城市也出現許多手中房產價值超越 10 億韓元的資產家。

儲蓄與巨額資產正在累積武力，靜靜等待疫情結束的那一天，人們牽手期盼疫情早一天結束，就可以自由外出活動。想去國外旅行，想去海邊看日出；想見見許久未見的那些人，想去體育館運動；也想買下整個冬天都想穿的新衣服，然後去高級餐廳吃豪華料理。這所有的事情都被往後延宕，不知不覺已經過了一年。2021 年也是一樣的，若想達成集體免疫，再快也要到 2021 年年底，在那之前所有時間一樣也會繼續凍結著，但是從 2022 年起時間會像被壓縮般地飛快流逝，人們想要從過去兩年的監禁生活獲得補償，想做這段時間無法做的事，這樣的欲望會像蓄水池水破掉後傾泄而出，以一點一滴積累的存款帳戶餘額為後盾，產生巨大的消費活動。

2020 年對我們來說時間是扭曲的，疫情從 2020 年起到 2021年，兩年的歲月就如靜止畫面般暫停，在這些都結束的那一瞬間，所有活動就會以滿弓的箭速射出，一口氣挽回過去停滯的損失，想一次做完這段時間無法做的事情。機場會擠得水洩不通，百貨公司會創出史上最高營業額，現在只有蒼蠅在飛的餐廳也會到處客滿。我們從 2020 年到 2022 年這整整三年壓縮的生活，會在2022 這一整年一次被釋放出來。

2023年三重泡沫的崩潰

時間的扭曲會讓 2023 年成為 21 世紀崩潰程度最大的一年，這個種子早在 2008 年已經種下。當時經歷次貸危機事件與歐洲財政危機，釋放到市場的流動資產未好好收回，在次貸危機後十年形成的大型泡沫還未完全消散前，Covid-19 又點燃火花，資產再度開始產生流動性。2021 年雖然看得到遠方的出口，但疫情仍在持續，經濟崩潰仍在萌芽，各國中央銀行只能繼續維持零利率，繼續採取量化寬鬆，甚至面對不見好轉的疫情，還可能擴大量化寬鬆。2021 年將接續 2020 年，會不斷釋出流動資產到市場，資產找不到能去的地方，就會讓所有資產價格上漲到從未經歷過的水準。另外，存款帳戶的餘額會一點一點繼續累積，為被延宕到疫情結束後的消費做準備。

2021 年底因各國爭相投入疫苗，將會看到疫情緩和的現象，伴隨而來的消費復甦將帶動通貨膨脹壓力。另外，2020 年底開始出現的原物料超級循環期，也將作用反映在供給物價上升，考量有六個月的時間差，從 2021 年下半年起，會開始反映在消費物價上。2021 年底會開始出現兩種通貨膨脹：一、因消費需求增加造成的需求拉動型通貨膨脹，二、因原物料價格急漲造成的供給推動型通貨膨脹。但這還不是通貨膨脹正式開始的現象，這僅僅是稍稍加溫的程度，對於各國中央銀行來說，考慮升息為時尚早。因為此時好不容易開始復甦的景氣若被澆上冷水後，害怕會導致

二次蕭條 Double Dip，所以不敢輕易進行升息。這完全符合川普總統選出史上最鴿派的聯準會主席傑洛姆・鮑爾 Jerome Powell 與信奉高壓經濟 High Pressure Economy 的財政部長珍妮特・葉倫 Janet I. Yellen 的結果。

2022 年是臨近景氣正式復甦的時期，人們過去兩年間被關押的欲望將一次爆發，開啟商品供不應求的狀況。在這之前，經濟層面過於豐富的流動性會穿梭全球每個角落、進到各種資產與原物料價格中，持續給予壓力，原物料價格負擔離爆發僅一步之遙。到了 2022 年底，兩股壓力碰撞下，物價會如同活火山般一觸即發。

2023 年將由三重泡沫的黑暗所支配：快速增加的需求、原物料的超級循環期以及鮑爾・葉倫政策組合的三重泡沫，將帶來 2000 年之後從未經歷過的通膨。因為物價飛漲，金錢再也無法維持金錢的價值，就像是在第一次世界大戰後的德國，比起買燒暖爐用的木材，倒不如直接把成堆的錢拿去燒還更划算。各國中央銀行會急著站出來維護自家貨幣的價值，開始升息策略。一開始可能是 25bp（一碼）的「邁小步 Baby Step」策略，或是立刻轉換成 50bp 的「邁大步 Big Step」策略，當速度戰開始後，可能一個早上全球就會轉變為高利率的世界，快速回收之前因量化寬鬆釋出的貨幣，同時刺激市場利率。

市場的崩潰總是會從不動產開始。不動產無法戰勝貨幣回收與高利率，低信用者房屋抵押貸款滯納比率快速增加，因不良債

權遭法拍 foreclosure 的不動產持續累積，急著出售的不動產又與另一個急著出售的不動產相牽連，放眼看過去，每家都貼著待出售的紅紙，次貸危機後從未經過修正，價格持續飆漲的不動產市場就此陷入黑暗中。這是山越高，谷就越深的道理，2000 年代以來最糟的不動產崩潰將壟罩全球。緊隨不動產崩潰而來的是股市崩跌，房貸金融不良後開始造成信用堵塞，各金融機構因此搖搖欲墜，投資人爭相出售持股、申請贖回基金，如同蓄水池破裂般湧出，股價暴跌導致發生追繳保證金 margin call，追繳保證金後又再次招致股價下跌。

下跌的資產價格讓消費心理萎縮，企業開始重整組織，失業率迅速攀升至 10%，保不住月薪的人們又再次減少消費，不動產→金融→實體經濟，綜合性不景氣的海嘯隨之來襲。Covid-19 疫情扭曲的時間將造成史上最大的泡沫，緊接著會出現史上最糟的世界大蕭條，無數的人會失業、失去房子。與 2020 ～ 2021 年的疫情不同，這時零接觸企業也無法躲過這場海嘯襲擊，在之前越是節節高升、稱霸市場的企業，受到的打擊也就越大，因為快速下滑的營業額與過高的成本結構，讓已成長為巨大恐龍的零接觸企業出現動搖，大量的員工開始接到解雇通知。

黑暗孕育新生命的種子

　　美國第三十五任總統約翰‧甘迺迪 John F. Kennedy 能成為總統的背景，是因為他的父親約瑟夫‧甘迺迪 Joseph P. Kennedy。約瑟夫‧甘迺迪身為愛爾蘭移民之子，是 1920 年代禁酒法令背景下所成就的富翁。如果說艾爾‧卡彭 Al Capone 是靠銷售私酒賺錢的黑幫首腦，約瑟夫‧甘迺迪就是使用酒類合法進口的方式累積財富，而且他還把錢投資在股市，緊緊抓住更多的財富，同時他也避掉 1927 年的經濟大蕭條，因為他在大蕭條前出售手中所有的股票全換成現金。也因為有了父親的財富，約翰‧甘迺迪才能成為美國總統。

　　大家應該已經很熟悉約瑟夫‧甘迺迪因為一個擦鞋匠而大舉出售股票，順利避開大蕭條的故事（擦鞋童理論）。他每天早上上班都會去華爾街上找一名擦鞋匠擦皮鞋，擦鞋匠有一天突然向他推薦股票，在那瞬間，約瑟夫‧甘迺迪就判斷股市已成泡沫，當天把手中持股全數賣出，就這樣保住了他的資產。但是如果是各位，也會做出像約瑟夫‧甘迺迪一樣的舉動嗎？從擦鞋匠都開始參與股市，就可直接聯想到股市崩盤，能在連連看漲的盤勢中，果敢將持股全數賣出嗎？如果是各位的話，會做怎樣的決定？這絕不是一件簡單的事情。約瑟夫‧甘迺迪能夠做出這樣的決斷，是因為他蒐集資訊成癮的個性，蒐集資訊成癮到甚至讓他獲得資訊狂的綽號，他從公司內部資訊到各種公開資訊無一不涉獵，對於股市過熱現象也是本來就知曉的，擦鞋匠的出現只是畫龍點睛

的效果罷了。

貪心是人類的天性，市場的崩潰是自然的現象，人類的大腦只由生存與繁殖所組成，社會不斷進化，甚至能達到讓人工智慧主宰世界，但人類的大腦在過去數十萬年間完全沒有進化，仍然只由生存與繁殖掌控。生存與繁殖以經濟學用語來說就是消費，現在的生存是消費，未來的生存是財產，財產的繼承就是所繁衍的後代子孫的生存，人類貪求更多的消費和更多的財產，貪心導致泡沫，而泡沫無法避免會崩潰，然後在那片廢墟中，會看到新的種子冒出芽，新的秩序就會誕生。

韓國也避不掉這波海嘯，而且會比其他國家更劇烈，因為韓國經濟是開放型經濟，而且家庭的財政健全性又比很多國家還要不良。但是並不是所有人都會成為這波海嘯的犧牲者，有所準備來聰明因應的人才可以避開。只有像約瑟夫・甘迺迪一樣不斷地蒐集資訊，以這些資訊為基礎，正確地遊走市場的人才能避掉崩盤，並且在下一個新市場更上一層樓；無法做到的人就會連過去這段期間存下的僅有資產全都失去，只能在廢墟中從零開始。如果是各位的話，想成為哪一種人呢？這本書是為了那些想要避開崩盤，前往下一個階段的人所寫的書，提供市場的預測走勢，能夠避開崩盤並且在泡沫出現時順勢而上的聰明方案，希望閱讀本書的讀者全都能順利度過即將襲來的大崩跌，擁有能更上一層樓的幸運。

目錄
Contents

第 3 章　三重泡沫的崩潰

第 4 章　股市的反思

目錄
Contents

第 1 章

不動產市場
第一道與第二道波浪

韓國的不動產泡沫七

近數十年來不動產市場十分火熱，說的不僅是單純的市況大好，而是有如最強的終結者，像熔爐中燒紅的鐵水般，那股火旺到像是要把一切都吞噬掉的氣勢，火熱的程度讓 2000 年代「泡沫七」市場都自嘆不如。我在前一部作品《看經濟的兩個視角》（暫譯）中，就已先預見此次泡沫的來臨，就連時間點也準確猜中，但是完全不知道會持續這麼久且這麼火熱，市場總是難以完全預測，能做的只有隨機應變。

我在歐洲財政危機時，用 10 億韓元買下位於狎鷗亭洞新現代公寓 36 坪型房子，我曾預估在這波市場中，大約能漲到 23 億韓元左右[1]，如果都到這種程度，說是泡沫也不為過。直至撰寫本書的現在，它的市價已漲到 28 億韓元，從 10 億韓元漲到 28 億韓元，漲了 180%，如果是所謂的差額投資人，在當時拿出 3 億韓元，透過傳貰租賃[2]方式來買下的話，現在收益率以市價差額 18 億 ÷ 投資本金 3 億，足足會有 600%。

歐洲財政危機當時到處都是這樣的投資機會。在我工作的現代經濟研究院有位女性員工，說要以傳貰租賃方式搬到上溪洞

1　計算方式會在本書後面部分公開，並非有特別依據，而是相當程度地採用經驗法則 (Rule of Thumb) 所計算的方法。

2　韓國特有的一種租房方式。與每月繳納房租的月租式不同，選擇傳貰方式租房的租客不需要每月繳納租金，只需要將一筆押金（傳貰金）交給房東即可入住，租約到期不再續約時可全額取回傳貰金。租約期間，房東可以利用傳貰金賺取銀行利息，或進行經營、投資。傳貰金的額度不等，可為房屋價值的三成至九成。

住宅公社第 7 社區，那時傳貰和房屋交易價的價差只有 3 千萬韓元，所以我跟她說 3 千萬又不是什麼大筆的金額，勸她不要用傳貰承租，乾脆直接買下。勸完她後，我開始更仔細地研究起上溪住宅公社第 7 社區，便宜、太便宜，真的太便宜了，這樣的機會以後還會有嗎？於是我就推薦給平時滿親近的建大不動產小組朋友們，他們得知後以流行語來形容可以說是「興奮到模糊」。他們僅用 3 千萬的差額投資，買下房子後再上調傳貰租金，就賺了本金的好幾倍，更不用說之後賣出後賺到多少了。可惜的是那位女性員工並沒有採納我的建議，錯過收益率 1,500% 的機會，最後只能仰天長嘆後悔莫及，可以買房的機會就這樣飛走了，而且傳貰租金還在那時漲了好幾倍，那位女性員工當時明明也很清楚我是「宏觀不動產經濟專家」，但因為當時她父親覺得貸款 3 千萬很有負擔而作罷。

　　歷史總是重複上演，我們往往可以從歷史中學習現在看到的所有現象，翻看過去紀錄的話，何時要積極進場，何時要收手都一覽無遺；現在的狀態是泡沫還是負泡沫，泡沫是多熱或多冷都可以從中得知。我敢斷言目前的不動產市場就是一個熔爐，為了幫助讀者能更理解，接下來將透過不動產市場從 2003 年萌芽後景氣蓬勃到 2008 年次貸危機為止的例子來說明。大家應該還記得，2000 年代不動產市場曾有所謂的「泡沫七 Bubble Seven」市場，泡沫七指的是江南、瑞草、松坡、木洞、盆唐、龍仁、坪村等七個地區，房價在短期內漲幅太高形成泡沫，因此被稱為泡沫七。

　　2003 年我因工作的關係，用每坪 600 萬韓元的價格，買下位於龍仁的預售新建案 50 坪房型，當時是不動產市場仍處於寒冬時期，部分地區的建商甚至只能吞下損失「含淚賠售」，那是一個用 3 億韓元就可以任你選 70 坪公寓頂級建案、頂級樓層的時期，我記憶中一開始的預售價就被砍 40%。不動產市場發生了最糟的負泡沫[3]，當時泡沫形成的背景，以國內來說是外匯危機後的組織重整與後續風暴的信用卡之亂；全球經濟則是 2001 年 911 恐怖攻擊與隨之而來的美國史上最大的不當會計行為醜聞，那段時間這些恐怖心理主宰了整個市場，市場當然就不會太好。

　　KBS 9 點新聞報導龍仁地區公寓賠售的消息，工作地點在龍仁的我下定決心要在那一區置產，就去那裡尋找物件，最後買下以當時水準來說最好的新建大型公寓預售案。龍仁地區新建預售案沒有中小型坪數的，我買入的 53 坪房型已經是最小房型，以有兩個上小學孩子的家庭來入住，已經是富麗堂皇、九十九級的豪華住宅了，因為用很便宜的價格就住進新大樓，除了唯一缺點是搬到郊區外，沒有人有任何不滿，但別想說房價會有一丁點的上漲，在當時的市場狀況下，期待房價上漲獲利本身就是種奢侈。

　　到 2005 年之前公寓價格都算平穩，雖然是以 3 億 2 千萬韓元預售買入的，但因大樓本身蓋得很好的口碑，讓價格一點點地上升到 4 億中間的數字，當時經濟也從危機狀態中慢慢解除，但

3　作者認為泡沫有兩種，一種為大家常見的「正泡沫」，代表價格暴漲到極高值而崩盤；一種則是「負泡沫」，代表價格跌到谷底的崩盤。

是全球尚未正式回到景氣復甦的軌道，長期維持低利率。終於來
到 2006 年，與升息速度相比，景氣快速復甦，全球不動產市場正
式開始動起來，國內的嬰兒潮世代 Baby boomer 出現偏好大坪數件案
的現象，龍仁也開始獲得關注，這間大型公寓雖然已入住 3 ～ 4
年，不是全新物件，但哪還會有比這更好的公寓呢？購買的需求
快速增加，睡一覺起來就上漲 1 億韓元，某天睜開眼出價金額已
經來到 8 億 5 千萬韓元，用 3 億 2 千萬韓元買的房子居然漲到 8
億 5 千萬韓元？就算不吃飯肚子都會飽，心情就像飛上天一樣，
每個月存 100 萬的定存有什麼用，要存 50 年才會存到 5 億，想到
這裡突然就覺得好像成為爆發戶的感覺。解掉定存買個新車，沒
有了每個月一定要繳定存的負擔，每個月多了 100 萬可以花費。
不只是我，當時全世界都在放煙火慶祝，緊接著就遭逢次貸危機。

　　當時國內不動產市場會大漲有三個原因，第一個是伴隨巨大
經濟危機而來的負泡沫，第二個是長期低利率環境下，豐富的資
金流動性和景氣復甦，以及韓國獨有的政策風險，政策風險指的
是盧武鉉總統帶領的政府讓不動產市場被扭曲。首先，來看看伴
隨經濟危機而來的不動產泡沫。2003 年春天真的很寒冷，歷經外
匯危機組織重整後，失業的人們被趕到街頭；傷痛尚未平息就爆
發了大宇事件；金大中政府為復甦景氣鼓勵信用卡消費，卻因信
用卡借東牆補西牆的迴力鏢反彈引發信用卡大亂。信用卡大亂實
為外匯危機的餘震，在國家、銀行以及企業負債縮減的過程中，
一般家庭變得更辛苦，因為這個負債是由國家、銀行以及企業轉

移到一般家庭；與此相反，歐洲財政危機則是負債由家庭轉移到國家。有關經濟主體間負債的轉移，會在歐洲財政危機部分更詳細的說明。總之，當時整個國家都很辛苦，在我記憶中，沒有任何一個人心裡是舒坦的，當然金融市場持續處於堵塞的局面，家庭所得也非常拮据，不動產市場想當然也就壟罩在寒風暴雪中，當時的價格區間對有需求的人來說，買房不會有太大的負擔，實際上有需求的人也開始動了起來，如果這些有實際需求的人沒有站出來的話，就看不到恢復的跡象。

第二，長期低利率環境提供豐富的流動性，2003 年是延續前面提過的全球景氣低迷局面，讓全世界中央銀行將利率維持在最低水準的時期。錢被釋放出來後，會尋找低價買入的機會，不管在股市還是不動產市場都有能用低得不像話的價格撿到東西的好機會，不需要仔細挑選，隨便買都可以買得到的好價格。問題出在低利率維持太久這點，低物價、中成長率的金髮女孩經濟 Goldilocks 景氣長期持續著，各國中央銀行也沒有快速調升利息的理由，大家都沉浸在金髮經濟情境中，大家都沒有想到金髮經濟的另一個名字就是泡沫。與此同時，還發明次級抵押貸款債券這樣奇特的金融商品，讓低信用的人終於也可以買得起房子。以前住在月租房的人開始排隊買房，但是實際上經濟能力還沒到可以承受的地步，房子自古以來就不會形成讓每個人都能買得起的價格，這並不是說住月租房的人不能夠擁有自己的房子，只是市場行情不會落在撐得起一人一房的水準。濫發一堆在優良等級以下的低

信用抵押貸款，在景氣下跌的同時它們的違約率也會快速增加，在次級抵押貸款債券劣化與不動產市場同時暴跌之前，整個市場因為豐富的流動性得以享受金錢的饗宴。

第三，政策的煽動造成不動產市場過熱，各國政府總是會陷入誘惑想採取反市場性的政策，如果不動產市場過熱就要抑制它，如果市場嚴重不景氣的話就要強制動員扶植政策，而韓國政府這種傾向更強。反市場性的政策是無效的事實，先進國家大部分都已從長遠的歷史中學到，但政治人物們總是難以擺脫採取反市場性的抑制或扶植政策的誘惑，在 1970 年代末期，當時是因為第二次石油危機，全球遭遇供給拉抬費用上升，導致物價上漲。美國也有同樣的狀況，卡特總統發表抑制通膨的政策，最終政策沒有成功，卻留下美國史上最後一個簽署反市場性政策的總統的汙名。

對於不動產抑制政策不願記取教訓的韓國也是一樣。不動產市場中有一句格言：「短期來看，沒有能戰勝政府的市場；長期來看，沒有能戰勝市場的政府。」換句話說，就是政府政策只會為市場帶來混亂的意思。2003 年到 2008 年間，盧武鉉總統在任期間，是不動產市場史上第一次促進導入公有概念的政府，因為在韓國憲法體系上無法將不動產公有概念化為法規，最終是透過稅制政策繳回所謂不勞而獲的所得去實現這項政策。然而綜合不動產稅、更貼近現實的不動產課稅標準等政策，在這次文在寅政府時又再度以同樣面貌復活了。政府對不動產課重稅使得房產持有者的交易心理萎縮，進而讓房屋供給也萎縮，更將市中心內的

都更歸類為投機，從源頭阻擋。新建案減少，開始出現因為擔心未來供給不足而搶購的現象，進而推動價格上漲。價格快速上漲後，擔心無法擁有屬於自己的房子的不安感控制了這個市場，最終真需求、假性需求、投機的假性需求一團亂，並造成大型的泡沫。政府抑制不動產價格的政策，連一秒都未曾戰勝過市場，反而像是對著起火的房子搧風。

整理一下當時不動產市場的特徵：第一，泡沫是局部性的，是以區域來看的，這也是和這次市場明顯不同的特點之一。當時不動產價格快速上漲是完全侷限在泡沫七的區域，非首都圈的公寓最終都沒能擺脫寒冷，反而是泡沫七的泡沫破裂後才開始進入上漲的階段，局部地區的上漲強度有限，必須要全國性的急速上漲，才能打造出像夏天熔爐般熱烈的市場。但是此時首都圈與非首都圈發生兩極化，首都圈的熱潮無法擴散到其他地方，理由是因為泡沫七的熱度相對較短的緣故，市場從 2006 年正式火熱起來，在 2008 年美國爆發次貸危機後，國內的榮景也就終結了。這是一場僅不到 3 年的時間就結束的饗宴，對於要讓首都圈的景氣擴散到非首都圈時間還太短。

第二個特徵是模式的變化，大型泡沫崩潰造成的經濟危機，總是會改變市場的模式，不只不動產，連經濟的模式或產業版圖也會改變，如同這次 Covid-19 疫情讓社會從接觸轉為零接觸，這會開始改變人們的行為習慣，社交恐懼症召喚出零接觸社會，因此連產業版圖也完全翻盤，這類現象在疫情結束後也不會回復到

原有的樣子，因為依賴性已經形成。不動產市場也一樣，2003 年以前不動產市場中 30 坪房型的公寓才是主流，3 間房間共 30 坪，對於踏入社會二十多年、養育兩名子女的嬰兒潮世代，給他們一人一間房，是住起來最剛好的公寓。然而嬰兒潮世代的上班族有的成為公司的高管，創業的成為可養家餬口的社長，還要住在像火柴盒般的 30 坪公寓到何時呢？隨著他們對房屋的偏好改變，大坪數公寓開始變得火熱的 2006 年就是泡沫的開始。以過去累積下來的財產為後盾，想住進又寬大又舒適的公寓，更準確地說，出現「我也終於擺脫貧窮了」的自我滿足感，這就是模式的改變。

次貸危機：2023年大型泡沫的胚胎

事實上在一開始，我決定搬到龍仁沒有其他意圖，但不得不說這是買進不動產的好機會。偶然在絕妙的時間點選到這個區域和社區，正好是個符合不動產專家形象的完美投資，不動產熱潮來襲，價格急速上漲，就是被稱為泡沫七的時候，我有了「我住在這種地方」的得意感。但是那也是暫時的，不動產市場在短時間內暴跌，我的房子價格也重回到泡沫以前的價格，要重新開始存定存，算上這段期間太相信房價而胡亂消費的部分，至少每個月要存到兩倍（2 百萬韓元）才行。其實我那時對不動產是沒有興趣的，應該買怎樣的公寓、應該何時買、何時賣等都不是我所關心的，即便是擁有令人稱羨、位於泡沫七地區的 50 坪房型新建

案，房價一覺醒來漲了 1 億韓元的這種事，都還是沒有引起我注意。

但是次貸危機爆發後某一天，房價無奈地下跌時，我才決定開始研究不動產，想要透過更有系統的研究後好好買一間房子，當然也要為退休做準備。然後我下了一個結論：次貸危機是又一次買進不動產的好時機，而且比 2003 年更好。全球遭遇資產價格暴跌與隨之而來的經濟危機，如同 1929 年世界大蕭條等級的海嘯都來襲了，這不是機會的話還有什麼是呢？只是要花點時間而已，反正總會克服經濟危機後再次回升，那麼趁著這種外部衝擊造成資產下跌時，就是「撿便宜」的機會，這點錯不了。就這樣決定要買後，就要開始挑選要在哪區、哪個建案，當時我是第一個在韓國把人口結構論套用在不動產市場上的人，將泡沫七大型公寓炒到火熱的是嬰兒潮世代，所以下一次的市場中，他們會往哪移動就是關鍵。當時我們的人口結構是嬰兒潮世代已經要開始退休的狀態，回聲潮 Echo 世代已經到了適婚年齡 [4]，從家戶層面來看，世代間的核分裂是全新持續的趨勢，當它作用在不動產市場時，結論就是未來將以中小型公寓主宰市場。

是的，次貸危機帶來資產市場的下跌，不論是股市或不動產

4　回聲潮世代是日本創造的用語，指的是日本的嬰兒潮世代，也就是所謂的團塊世代的子女。日本在 1947 年到 1949 年 3 年內誕生 806 萬的團塊世代，他們膝下通常育有兩名子女，因此經過 4 年出生 810 萬的回聲潮世代。韓國的嬰兒潮世代通常也養育兩名子女這點和日本團塊世代相似，我們的回聲潮世代則 1990 年代出生的人，不同的只是我們的嬰兒潮世代是在 1955~1974 年間，花了 20 多年形成，因此回聲潮世代也較日本花較長時間才產生。

市場全都經歷恐怖暴跌，特別在不動產市場，即使睜大雙眼也找不到可以下手的時間點。在眼前一片黑暗的經濟危機中，要找到肯站出來買房的人一點也不簡單，再加上手上還握有充足資金的人也不多，市場陷入恐慌中發抖著，資金流動也結凍了。不動產價格在幾個月內跌到一半，感覺再這樣放任下去的話，市場好像就會崩潰。政府為了撐住暴跌的不動產市場，在稅制上祭出各種扶植政策，例如 2008 年 12 月前收完尾款的話，可以減免賣方的讓渡利得稅，讓焦急的賣家們用半價拋售物件，很多手中持有現金的人為了抓住這個機會也動起來，半價買入大坪數公寓，撿便宜的投資人們開始出現，因為在那之前大坪數公寓是主流，所以大家想都沒想地搶起大坪數公寓。

　　我也不會錯過這個機會，但是用了不同的策略。撇開龍仁的大坪數而轉往盆唐地鐵圈的中小型坪數。在那之後想當然龍仁大坪數再也沒有回升，反而是盆唐地鐵圈中小型坪數持續攀升。到了隔年春天，之前急著拋售的物件大部分都已消化，進到秋天後不動產市場再次回到之前的高點，經濟還處在危機中，但不動產又再次進到泡沫裡，如此放任下去，泡沫又會再次破裂，且會經歷一厥不振的危機。不動產市場有必要冷靜一下，所以我著手撰寫了第一本書《看經濟的兩個視角》（暫譯），將人口結構論代入不動產市場去說明韓國不動產市場的超長期趨勢，其中對未來的預測有些是對的，也有些是錯的，但是對於不動產市場大部分都猜中了，連首爾市的商用不動產市場展望都成功預測。

　　總之，有關不動產市場泡沫化的爭論開始被拋出，連媒體也當作重要議題連日報導，明明經濟尚在谷底低迷，未看到一絲恢復的跡象，不可能只有不動產市場獨自活絡，但值得慶幸是到了2010年不動產市場就開始趨於穩定，泡沫沉寂並恢復到正常價格水準。李明博政府也出了一份力，他任期一開始就宣布將大幅放寬江南都更的不動產限制政策，隨後江南的都更很快地有所反應，這也讓李明博政府嚇到，就連盧武鉉總統也承認自己除了不動產政策外沒有做錯什麼，但還是造成煙火般的泡沫。李明博政府看著曾經飽受衝擊而沉寂的不動產市場，現在又再次快速突破高點後，似乎認知到不能袖手旁觀，因此立刻收回江南都更放寬限制的政策。但問題就出在這，在經濟危機持續的狀態下，歐洲財政危機才稍稍平息，市場心理仍是萎縮之際，太過於用政策去干擾，那不動產市場只能結凍了。

　　各國金融當局仍然舉著零利率與量化寬鬆這兩把刀子與被凍成冰塊的金融市場戰鬥，各國政府願意承擔財政赤字，追加預算給予補助，但事實是仍難以推動景氣復甦。2009年時暴跌的景氣，如果跟最低點比較的話的確稍有回升，但離恢復到2008年以前的水準還很遠。2008年次貸危機的影響規模比起1929年世界大蕭條絕對也是不容小覷，實際上當時全球恢復到大蕭條前的經濟規模約花了5年的時間，而次貸危機顯然需要更長的時間恢復。

　　雖然是閒聊，但1929年世界大蕭條並不是因為各國政府的努力而克服的，景氣進入復甦的局面後，各國政府就急著展開緊

縮政策，這也導致 1933 年全球景氣的二次蕭條 Double Dip，之後全球經濟再次陷入垂死掙扎。真正讓全球經濟復甦的，居然是 1939 年爆發的第二次世界大戰。因為要生產戰爭物資，美國等全球軍需產業需要連夜趕工生產而帶動景氣的復甦。回到次貸危機，一直到 2010 年初全球經濟才不知不覺出現克服危機的徵兆，至少表面上看起來是這樣的。最大問題是出在歐洲統合上，這邊並不想多加說明歐洲統合的悠久歷史，但是必須要知道歐洲統合其中一個結構上的缺陷，才能理解歐洲發生財政危機的本質，以及這是次貸危機這個海嘯帶來的餘波。

　　歐洲正在想要統合成一個國家的過程，1992 年 2 月 7 日在馬斯垂克簽署歐洲聯盟條約 Treaty on European Union，又名馬斯垂克條約 Maastricht Treaty，1993 年 11 月 1 日生效，開始了歐洲要成為單一國家的漫長之旅。這是由歐洲共同體 12 個會員國[5] 發起的，馬斯垂克條約有著遠大的目標，就是在 20 世紀結束前把歐洲聯盟委員會（EC）統合成叫做 EU 的單一國家體，它是先整合市場與貨幣後，再進階到政治聯盟，是既遠大又具歷史意義的條約，但問題出在經濟市場與政治體系的整合時間不協調。

　　經濟性的整合方面，EU 在 2002 年 7 月起將歐元規定為法定貨幣，並將歐元發行權委任給 ECB，因此各國貨幣發行權就消失了。貨幣反映一個國家的經濟能力，且取決於匯率，經常性收支

5　包含比利時、丹麥、德國、希臘、西班牙、法國、愛爾蘭、盧森堡、義大利、荷蘭、葡萄牙、英國，其中英國於 2016 年透過公投決定退出歐盟。

逆差的國家匯率應處弱勢，經常性收支順差的國家匯率則應強勢。以當時的經濟狀況，北歐國家的匯率若假設為 1 美元兌 1 歐元的話，南歐國家的匯率就應該是 1 美元兌 2 歐元。但是，使用歐元這個貨幣時，他們卻將匯率訂為 1 美元兌 1.5 歐元[6]，如此一來北歐國家的經濟實力比歐元匯率強勢，經常性收支呈現一片順差；而南歐國家則因歐元相較經濟實力更強勢，呈現一片逆差的現象，就此南歐各國的經濟開始出現爆炸聲。之前因不動產投機的熱潮，導致家庭負債程度超出想像，加上持續累積的經常性收支逆差，已經讓經濟陷入難以支撐的困境，統稱為 PIIGS 的葡萄牙、義大利、愛爾蘭、希臘、西班牙的問題十分嚴重，最嚴峻的希臘甚至還得向 IMF 求助，西班牙則是出現擠兌的現象，家庭負債違約率快速攀升就更不用說了。

　　幸好政治性整合尚未進行，財政政策都還是各國政府的管轄範圍，南歐各國只好依靠財政赤字去支撐家庭負債，換句話說，就是將家庭負債轉移到國家負債。但這個「幸好」再次變為「不幸」壟罩歐洲，危機也步步逼近僅靠著國家財政苦撐的南歐各國，全球經濟此時遭遇無法再更糟的嚴重狀態。

　　再次回到李明博政府執政初期，不談其他部分，單單只評價過於壓抑市場的不動產政策。執政初期江南都更市場異常的動向，是因為李明博政府草率地宣布放寬都更政策，因此當不動產投機

6　這裡使用虛構的匯率，並非實際匯率，是筆者為了幫助理解簡化的數值。

的徵兆再次出現時，政府隨即被嚇到開始勒緊市場，這也是造成後來不動產過剩、市場長期低迷的原因。李明博政府的幕僚熟知不動產運作，深知市場原理，沒有追求像稅制這樣無效的方法，而是餵食了所謂的「特效藥」，一手掌握住 2009 年底再次成形的泡沫，當然比人口結構論更早出來的不動產泡沫論也幫了大忙。對自有住宅有需求者，也就是 20、30 歲的人開始覺得沒有必要買房子，市場趨於萎縮。市場本身的條件仍是隨時都可以形成不動產泡沫的狀態，因為世界各國零利率、量化寬鬆以及擴張性的財政政策，讓市場上流動性供給過剩，幾乎是只要打火機點個火就會馬上爆炸的程度。但是市場上的流動資金卻沒有流向不動產的問題在於歐洲財政危機。對於未來經濟抱持悲觀的心理控制了市場，與實際需求產生背離，不動產市場不斷呈現低迷，持續不見成功交易的現象。比起次貸危機時，更糟糕的不動產低迷仍舊持續著，不動產價格再次下跌到次貸危機時的低點，這是外匯危機後最糟的負泡沫。

危機就是轉機，在沒有人動起來的時候更要開始行動才能抓住機會。終於，2013 年開始，不動產市場出現觸底的訊號，KDI 也終於發出需要拯救不動產市場的研究報告，更別說當時研究團隊都是偏保守派的知名學者們。政府也將迎來新的政權，保守派執政後，肯定會採行扶植不動產市場的政策。就這樣，朴槿惠政府開始執政，這是第三次的機會，筆者開始勸身邊認識的人要準備買房，那是個大家都不想對不動產多看一眼的時期，所以聽從

我建議的人並不多，100 名中有 95 名不相信，認為這是個不太可能回升的市場。

　　這時有幾個人聽了我的建議後實際付諸行動，包含三名友人和建大不動產小組，我只講了兩句話：「買吧！中小型坪數。」幾位友人就買了盆唐地鐵圈中小型坪數的公寓，而且最後全都成功真正的賺進自己的房子，當時市價約在 3 億多韓元，僅用本金 1 億 5 千萬元進行差額投資，就順利買進「撿到便宜」的公寓，現在市價已經喊到 12 億韓元了，就像是前面講過的建大不動產小組投資上溪洞住宅公設第七區的故事再現。朴槿惠政府一如預期推出的第一個政策就是不動產扶植政策，免除取得稅、登記稅，讓渡利得稅也一併免除了，並推動各項誘因政策。這其實是用不動產作為扶植景氣的方法，也無法多作苛責。當時不動產市場實在太悽慘，有人想要搬進預售買到的公寓中，卻因為手上原有公寓賣不出去急得直跳腳；生意慘淡想賣掉房子償還銀行貸款，已經砍半價拋售，卻沒有任何人來看房子，為了國民，政府只能出手活絡市場。

　　短期來看，沒有能戰勝政府的市場。政府的政策為不動產市場開了另一扇門，即使是很大型的政策，只要分成三次溫水煮青蛙，就能改變市場方向，朴槿惠政府也是，先祭出小的政策，再推出稍微大一點的，最後公布綜合版的大禮包，就會把負面的形象轉為正面形象。第一個政策出來後，腳步快的人就開始行動，交易量也隨即反映變化，但是這樣的現象會很快消失；第二次政

策出來時，再次驅動交易量上升，沒多久又重新回到交易低迷的狀態；然後是第三次綜合版的大禮包祭出後，交易量就迅速暴增。但是，這並非是政府政策帶來市場活絡，不動產交易量的確因為刺激多少增加了一些，但價格卻沒有上升，當然到第三次政策時，市場上不良物件已經全部消化完，給急需用錢的人喘口氣的機會，但是價格和交易方面，真正讓不動產市場回到正常軌道，是從歐洲財政危機中恢復的時期開始。長期來看，沒有能戰勝市場的政府。不動產市場進入復甦的階段，在朴槿惠政府執政後期，被評價為沒有負泡沫，也沒沒有正泡沫，交易價格、交易量都進入剛剛好的區間。

　　但是，不動產市場泡沫的種子在此時已經種下。經過次貸危機與歐洲財政危機，世界各國的資金開始釋放流動性，產生的結果就是在朴槿惠政府執政最末期時，首都圈不動產恢復當時的正常水準，如果考慮當時的經濟成長率的話，這時的不動產價格並不是太有負擔的程度。同時，非首都圈經歷一波上漲期後又進入下跌期，在泡沫七的榮景撼動首都圈時，非首都圈房價維持低迷；當首都圈陷入低迷時，非首都圈就迎接上漲期，並完成一段偏短的循環。但問題在於，利率正常化的腳步並沒有跟上這樣的趨勢，在市場經濟流動性尚未充分回收的狀態下，不動產市場只是暫時回歸正常，過多的流動性讓市場就像是在沙丘上建造樓閣一樣岌岌可危。

文在寅政府加速不動產過熱

　　不幸的事發生了。爆發了大韓民國憲政史上前所未見、令人心痛的世越號事件，花樣年華的學生們尚未盡情綻放就凋謝了，看到電視上播出在船艙內一名女學生傳給媽媽的最後一則訊息的新聞，全體國民都哭了。怎麼只能光用黃絲帶讓他們安息呢？全體國民的心彷彿跟著他們一同死去。因此，光化門布滿抗議的燭光，當時遭遇憲政史上前所未有的慘劇，總統也因此遭到彈劾，像大韓民國這樣先進的國家居然需要彈劾總統？雖然能安慰自己至少能彈劾還算是個民主國家，但這實在是讓人覺得羞愧的事，為政者如果做得好，還會發生這種事件嗎？告別慘案後，進步派政權文在寅政府上台，接著原封不動重複盧武鉉政府的不動產政策，對於盧武鉉政府的不動產政策記取教訓的市場，價格馬上就有所反映節節升高。這道理很簡單，盧武鉉政府的不動產政策，用稅制政策與供給政策並行，讓市場供給萎縮。

　　政府的目標是降低房價，並讓擁有多間房產的人出售房屋，要讓大家能夠一戶一屋，是以不動產公有概念為基礎的政策目標，不只盧武鉉政府當時負責不動產政策官員，連再之前金大中政府首任經濟首席長官金泰東教授也是如此主張。金教授以「第一個盜賊離開了，這個盜賊真是可怕，唉呦！太可怕！唉呦！太可怕！」作為詩作《21世紀的五賊》的開頭，這首詩仿造詩人金芝河的作品《五賊》所作，刊登於1994年經濟正義實踐市民聯合會

出版的季刊《經濟正義》秋季號中，在當時是非常膾炙人口的敘事詩。金首席認為所謂言賊言盜，言論、環賊環盜，環境破壞、地賊地盜、不動產投機、公賊公盜，公務人員、法賊法盜，檢察官、法官與律師，這五種就是新的五賊。政府的政策目標沒有對錯的問題，特別是經濟政策更是如此，如果說政治是妥協的哲學，法律是正義的哲學的話，經濟就是選擇的哲學。舉例來說，若要調升稅率，有人會因為這個選擇受惠、有人受損；一項景氣扶植政策，依據選擇發放補助給建商或平民的不同，就會分出受惠階層與受損階層，這是完全不民主的選擇，政府的選擇在本質上就是不民主且獨裁的，僅是在合理的依據下做選擇而已。因此師承盧武鉉政府的文在寅政府，選擇了能實踐正義的經濟政策，不是需要討論對或錯的事，只是以進步派哲學為基礎所做的選擇而已，而且一面倒的持續維持保守經濟哲學並不可取。在新自由主義成為全球主流的這四十多年來，社會兩極化變得多嚴重，相信你我都感同身受，所以在持續成長的角度上，經濟政策也需要讓進步與保守在適當的水平線上來來回回平衡才有價值。

換句話說，並不是要評斷政策目標的對或錯，政府選擇了各式各樣的政策以實現其所追求的當代精神，我針對的是，政府使用反市場性的政策來達成目標，以及時機點的問題，特別是錯誤的時機點。當時不動產市場是穩定的市場，若想維持穩定的趨勢，只要持續向市場供應適當數量的公寓即可，透過充分的供給，先增加需求者可選擇的範圍後，再祭出各種規範政策的話，市場就

會朝著政府所要的方向前進。如果能先引導不動產市場長期穩定向下走後，再推動規範政策的話，一戶兩屋的人願意出售的數量也會變多。2＋2傳貰政策的順序也錯了，首先應該要先增加供應符合居住正義的公共租賃公寓才對，當時應該推出物美價廉的月租公寓，或跟傳貰沒有太大差別的附買回條款住宅，要先給消費者多樣選擇的機會，並接著供應就算不是一般傳貰，但也可媲美的替代方案後，再施行2＋2傳貰政策的話會如何呢？這樣可以在原本對消費者較有利的市場內，充分達成傳貰市場的2＋2政策目標；但冷不防地公布2＋2，讓市場一再被迫萎縮，想著過幾年後再祭出供給租賃住宅政策，這對市場完全沒有幫助。2＋2原是要用來保護傳貰房客權利的政策，但反而變成讓他們被從租屋處趕出來的政策。

　　不僅如此，反市場性的政策方向也有問題，雖然有「這是懲罰性的政策」、「住江南的人難道就不是大韓民國的國民嗎？」等各種批判聲浪，但這些聲音在討論中都被無視。我的專業並沒有到能在政治學領域中進行評論的程度，僅就經濟政策觀點來聚焦討論，更能符合經濟學家的本份。就從政策方向是否有達成政策目標談起，政府的政策目標是「穩定房價，透過將不動產投資獲利回歸政府，讓持有多間房產的人斷掉持有房產的貪念，打造一戶一屋的世界」，為此，對持有多間房產或豪宅的人施行較不利的稅制、減少重建與都更來斷絕不動產投機行為的政策都是對的，那接著就應該來確認政策結果是否有達到最初的政策目標。

至少到現在為止，都還找不到證明達成最初政策目標的證據，反而讓全國不動產市場陷入熔爐中，也沒有跡象顯示持有多間房產的人將手中的房子釋出到市場，誰都不知道要經過多久後政策效果才會出現。或許在未來某天不動產價格會下跌，但無法確定到時下跌的原因是政策效果，亦或是經濟因素，但以現在來看政策的確造成副作用，而這個副作用不會輕易消失，為什麼呢？因為政府祭出了只會導致供給萎縮、反市場性的政策。

　　首先從稅制談起，跟不動產相關的稅共有兩種，交易稅_{取得稅、登記稅與讓渡利得稅}與持有稅，韓國實行的是低持有稅、高交易稅的不動產稅制，是與先進國家相反的稅制。不動產相關的稅率是高是低，應要把這兩種加總計算，韓國約比先進國家低 $1 \sim 2\%$p[7]，韓國高交易稅、低持有稅是各有各的理由，韓國屬於近期持續快速成長的國家，但財產累積較慢，所得也不高，因此一般人都把不動產當作累積財產的階梯，是爬升至中產階級的唯一的路，也是為退休做準備的方法。當然可以累積財產的階梯也包含股票，但股票投資還是太難了，踏錯步就會踢到鐵板，特別是在證券產業尚未發達，正確投資概念不普遍的過去更是如此。另外，不動產同時具有投資性資產與必需性消費財這兩種特徵，因此買一間我自己的房子，不僅是用來累積財產的階梯，也是我居住的家，是同時代表兩種意義的資產。所以一旦買下屬於自己的房子後，

7　P 為最優惠利率英文 Prime Rate。最優惠利率，是銀行自行訂立貸款利率，升跌一般視乎美國利率走勢。

對於價格的漲跌比較不會受到太大的影響，加上因為韓國經濟快速成長，房價長期來看會一直走升，是只要房子不垮，有一天總會賺到錢的結構。沒有財產的平民百姓，再怎樣都要買下房子後去償還房貸本息，如果持有稅高的話這一切就變得不可能了。另外，已經是中產階級者若想搬到更大的房子，也是一樣的道理，所以才會保持低持有稅。取得稅雖然會讓人有負擔，但對於首次買房時的大筆支出來說，它只占其中一小部分，且若是一戶持有時間長的話，還能夠免除讓渡利得稅，只要用從市價價差中獲利的部分支付就夠，對月薪所得不會有太大的負擔，這就是韓國不動產稅制跟其他先進國家完全不一樣的原因。與此相反，先進國家一般是月租制度，因為對房屋的持有稅和月租差不多，所以持有稅的比重就算高也無妨。

　　文在寅政府是想透過提高持有稅，意圖讓擁有多個房產或豪宅的人因無法負擔高昂的持有成本而出售，並提高利得稅來收回不動產相關的投機獲利。無法以月薪所得承擔高持有稅的人們就必須賣房，但是因為利得稅也升高，若出售原有房產後搬家，就會發生只能搬到大小不到一半的地方，在這種情況下要怎麼抉擇才是最合理的呢？答案其實很簡單。把未來預計的持有稅現值總和，與因利得稅要支付的稅金總和拿來比較，做出最有利的選擇就可以了。這時的關鍵在於政策能延續的期間，政策延續期間越長，累積的持有稅現值就越多，如果會超過要繳納的總利得稅的話，當然是越快賣掉房子，減少要繳的持有稅，才是合理的選擇。

當政策延續期間短，先繳納持有稅並把繳納利得稅遞延到未來才更有利，這是因為若政權輪替，新執政的政府有可能讓稅制重回低持有稅，尤其在不動產市場進入嚴寒的停滯期時，源於對扶植政策的需求，全體國民會強烈要求將稅制回復原狀。在此理性預期開始作用，究竟政權何時會輪替，還有如果輪替的話，是否會鬆綁被強化的稅制？

　　在此之前我們已經得到兩種教訓，第一，政府在過去數十年間，重複著不動產低迷就放寬稅制、不動產升溫活絡就強化稅制。現在因為不動產市場火熱所以加強稅制，但低迷時期隨時都可能到來，到時政府是否還能持續這樣的稅制政策呢？市場知道，只要每四年一次國會議員選舉和地方選舉，每五年一次總統選舉，稅制就不可能會維持一樣。第二，若進步派政府下台換成保守派上台，不動產稅制也會改變。對於盧武鉉政府的綜合不動產稅到了李明博政府時期就被廢止仍記憶猶新，最終，像現在這樣強化的稅制，只有在不動產活絡以及進步派陣營執政持續數十年以上，達到可合理期待時，才能真的發揮現行稅制政策的效果。若無法如此，不動產持有人一邊繳納持有稅一邊迴避出售不動產，最後因為房產持有人選擇把利得稅遞延到未來，供給就會緊縮。

　　再來談談與持有稅相關的話題。持有稅與交易稅在經濟學上的意義完全不一樣，與交易稅不同，持有稅是可以轉嫁的，稅金的轉嫁總是發生在弱者身上，經濟學來說叫做需求或供給的彈性，若將稅金課徵在租賃市場的房東身上，會發生什麼事呢？稅金大

部分會轉嫁到房客上，因為對房客來說，住宅是必須的消費財，生活必需品並沒有需求彈性──如果沒有吃飯就會餓死，如果沒有衣服就會冷死，如果沒有房子就會露宿街頭。與此相反，房東是有彈性的，如果無法得到自己期待的價格，可以選擇等待並讓房子空著幾個月。不可否認在經濟能力上，房東相對房客是強者的結構，而原本要向強者課徵的稅金總是被轉嫁到弱者身上。有兩間房子的人不需要賣房，因為可以把被課徵的持有稅大部分轉嫁到房客身上，所以經濟上的負擔不會太大。在此會發生兩個重要的議題：課徵重持有稅，會讓傳貰被轉為月租，用傳貰出租多出來的房子時，較難轉嫁持有稅，因為在這個低利率的時代，即使調漲傳貰保證金，用傳貰保證金創造的利息機會成本並不大，如果暫時不缺大筆錢的話，就會想要把傳貰轉為月租，而且月租可能就會依照適當的利息加上持有稅的金額去決定；如果急需大筆錢的話，就會想要調漲傳貰保證金，因為這一大筆錢的利息機會成本只要能超過要繳的持有稅，實質上就有利可圖。最終，調升持有稅只會導致傳貰市場的供給減少，月租市場的租賃價格上漲的結果。

那強化限制都更與重建的政策又是如何呢？這任政府因開發利益歸屬問題，持續表態不會輕易核准都更與重建，特別對於首爾與首都圈又展現更為頑固的態度，重建年限從 30 年提升到 40 年；持有一間公寓可換得兩間的 1 ＋ 1 重建也不可能；即使是安全檢查並非 D 等級，但因停車場位子不足等住起來嚴重不便，且

曾經有機會可被核准的重建、高樓重建、所有重建都完全停止了。首爾更嚴重，朴元淳市長就任以後，著重都市再生計畫，在 2011 年 10 月到 2020 年 7 月共 9 年任期間，將都更與重建降到最少，朴市長將重心轉至都市再生計畫是有他自己政策性的理由的。因都更難以擺脫會產生仕紳化 gentrification 的問題，仕紳化指的是老舊城區都更後的好處沒有回到該地區原來居民的身上，反而讓新進駐的高收入階級享受好處的現象，這是因為地區在都更後煥然一新，房價攀升，使得平民或低收入階級的原居民因無法承受這樣的房價而被驅離。仕紳化是 1964 年英國的社會學家露絲・格拉斯 Ruth Glass 以代表紳士階級的仕紳 gentry 衍生出來的用詞，格拉斯為了解釋在倫敦西部的切爾西與漢普斯特德住宅區脫胎換骨成高級住宅區後，原有的低階層居民因負擔不起居住成本而被趕離的現象，才創造了這個用詞。

　　仕紳化主要是發生在大都市的現象，美國 1970 年代在紐約波士頓等地，也曾經歷因為雅痞 Yuppie[8] 們湧進都市的老舊地區，將原有低收入階層居民趕走的現象，而韓國在弘大、三清洞、北村、經理團路等地也曾有相同經驗。朴市長想找出能阻止仕紳化現象的方法，其實完全不需爭論這項政策目的是對是錯，以政策的選擇來看，有些人覺得對，有些人覺得錯，都會產生副作用。首爾是一個長久以來公寓供給不足的都市，新建公寓的土地不夠，且

8　Young Urban Professional 的簡稱。

從京畿道到首爾上下班的人，也在排隊等待能滿足職場與住家相近的需求，誰都希望住在離職場近的地方，這不是很正常嗎？問題是九年來首爾供給持續不足，甚至擴散到京畿道新城市，所以京畿道新城市中，離首爾近的地方被稱為首爾生活圈，一開賣房價就三級跳。供給新建案，意即改善居住品質，首爾市應該為首爾市民盡更多政策上的努力才對，寥寥無幾的新建案一釋出，需求湧入的同時房價就攀升了，就在隔壁的社區看到新蓋的建案後，就會產生「我家如果重建的話也會像它一樣價格變貴吧！」的期待，最後當然也反映在房價上。一開始如果可以充分供給新建案的話，房價節節攀升的情形就不會發生了。

　　無論出於何種理由，房價都持續上漲，限制政策一推出，交易只是暫時平息，不到幾個月後又會再次成長。首爾和首都圈在2013年觸底後，就持續漲到2020年，首爾的江南就不用再說，而長期以來自成一格的江北地區也被這把火燒到，京畿道更不用多說了。這次公寓熱潮的特徵就是非首都圈的公寓價格也跟著一起上漲，過去非首都圈不動產景氣循環與首都圈會有時間差異，非首都圈不動產在李明博時期進入上升區間，在朴槿惠時期進到停滯區間，然後在還沒完全冷靜下來前再次變得火熱。現在文在寅政府時期，房價上漲的原因其實很簡單，全世界尚未完全從次貸危機和歐洲財政危機這樣的大型經濟危機中復甦，無法充分進行升息，市場上釋放太多流動性，錢潮就推動不動產價格上漲。當然也不只因為如此，政府政策的順序也錯了，應該要先充分供

給不動產，安撫供給不足的擔憂後，再釋出限制政策，但因為政府反過來執行，反而更加刺激供給不足的擔憂，這猶如搧風點火。整體來看，實際居住需求與投機需求同時擴張，供給又嚴重不足，價格不斷攀升，原本在等待不動產價格回穩的潛在需求也被吸引回市場，這又再次導致房價上漲的惡性循環，連二、三十歲的人都因為怕永遠無法擁有自己的房子，甚至到「連靈魂都出賣」的地步也要跳進不動產市場。

鍍金時代與進步時代

世界名著《頑童歷險記 The Adventures of Huckleberry Finn,1884》的作家馬克吐溫，本名是山繆・朗赫思・克萊門斯 Samuel Langhorne Clemens，馬克吐溫這個筆名是他於 1857 年 21 歲時，擔任密西西比河蒸汽船水手工作時的經驗而來。「馬克吐溫」源於密西西比河的常用詞彙，指的是第二條標示線 Mark number two，是一條表示蒸汽船能通過的安全水位標示線，若河水比這條線低，代表著水位太低難以航行。他以在密西西比河的經歷創作《湯姆歷險記 The Adventure of Tom Sawyer, 1876》、《頑童歷險記》等作品，描繪尚未被文明污染的自然人與邊緣人的精神，主要發表像這樣的美式敘事作品。但他也撰寫出許多諷刺小說，他與查爾斯・達利・華納 Charles Dudley Warner 共同創作諷刺南北戰爭後美國社會狀況的《鍍金時代 The Gilded Age: A Tale Of Today, 1869》、在 1882 年也發表了以愛德華六世

時代為背景的《乞丐王子 The Prince and the Pauper》。《鍍金時代》細緻地描寫南北戰爭後進入大開發時代的美國，抱著一夜致富夢想的人們的貪婪與政客的腐敗，在這本書中馬克吐溫拋出了「美國，甚至美國人到底為何？」的疑問。

鍍金時代指的是美國的大開發時代，在美國開拓史上，鍍金時代是快速工業化的時代，1900 年代美國正式奠定世界霸權基礎，1865 年南北戰爭結束後，美國經濟以北部與西部為主正式進入工業化，後世歷史學家借用馬克吐溫原作小說書名，將 1873 年大恐慌至 1893 年大恐慌前的這段大開發時代命名為鍍金時代。在這個時期，美國建造了橫貫大陸鐵路，帶動製造業、礦業與金融業等主要產業步入上升的軌道。這個時代誕生許多的美國富豪，如鐵路產業的范德比爾特 Cornelius Vanderbilt, 1794-1877、石油產業的洛克菲勒 John D. Rockefeller, 1839-1913、鋼鐵產業的卡內基 Andrew Carnegie, 1835-1919、金融產業的 JP 摩根 John Pierpont Morgan, 1837-1913 等，全都在工業化時代崛起時累積無數財富，他們也因為將財富回饋給社會而為眾人稱頌。創立范德比大學、卡內基美隆大學等學校、捐贈建造紐約卡內基音樂廳、捐出全部財產成立洛克菲勒基金會、卡內基基金會等社會事業財團，他們建立起的美式富豪傳統延續至今，矽谷的富翁們也會將他們的財產回饋給社會，成為美式資本主義的貴族義務 noblesse oblige。

但是他們累積財富的過程並非都是正義的。范德比爾特壟斷了美國西北部的鐵路；洛克菲勒不擇手段地併購美國其他的石油

公司，在美國政府強制其分拆前，洛克菲勒的標準石油 Standard Oil
壟斷了 95% 的市場；卡內基因「霍姆斯特大屠殺」對勞工的鎮壓
遭受罵名：1892 年 6 月，卡內基持有的霍姆斯特煉鐵廠因工資協
商問題，引發激烈的勞資衝突鎮壓過程中，發生 10 人死亡，數
百人受傷，最後出動了州防衛隊才讓事件平息。這起事件與 1914
年在洛克菲勒持有位於克羅拉多拉德的拉德洛煤礦場，駐克羅
拉多州防衛隊與資方的民兵屠殺 66 名礦工與家屬的拉德洛大屠
殺[9]，兩者被評為美國史上最慘的勞工鎮壓事件。JP 摩根的確是奠
定設立美國聯邦準備銀行的基礎，成為美國工業化的籌資過程重
要角色而深受好評，但是他累積財富的方法並不值得效法，他靠
著投機南北戰爭用的步槍與黃金，累積了現今價值達到數千億的
巨額財富，並透過他所掌控的西聯電信公司，以竊聽通訊內容所
得到的資訊創造大量財富，之後還併吞所有電信公司，成立名為
AT&T 的龐大壟斷企業，還幫助卡內基讓他的美國鋼鐵 US Steel 成
為美國鋼鐵產業市占率 65% 的大型壟斷企業。鍍金時代華麗的光
榮背後，不僅有這些資本家的不道德經營行為，這個時代的爭議
還包括所得不均造成的極端社會問題，快速工業化推動 1860 年代
到 1890 年代的實質薪資成長了 60%，但是相反地也被稱作是代表
財富過於集中、貧者越貧的不平等時代。1873 年與 1893 年，經
過兩次的經濟恐慌喚起社會性與政治性的巨變，聯合全國所組成

9　在此事件中甚至有 11 名孩童被殺害，其中最小的僅 2 歲。

的勞動工會提出 8 小時工時、廢除童工等改善勞動條件的要求，鍍金時代的社會副作用最後帶出「進步時代 The Progressive Era」的出現。

亨利喬治 Henry George, 1839-1897 是引領美國進步時代最著名的政治經濟學家與運動家，比起其他，他更關心的部分是因是否持有土地造成的分配不均問題。鍍金時代持有土地者因為橫貫大陸鐵路各停靠站經過的地方地價攀升而獲得大量的財富，工廠設廠的地方也是一樣，因為快速的都市化，擁有住宅的屋主們享受到房價快速上漲的好處。與此相反，新流入的農民或移民們，則不敢存有一絲的買房念頭，只能淪落為都市貧民。亨利喬治可能在美國西北部看到了馬克思所提倡的解放農村，如同中國現在正經歷農民工漫無目的進城的都市問題，大量的移民勞工流入，讓狀況更加惡化，不會因為地點在美國就不會發生。他們只能滿足於比起都市房價或物價來說微不足道的一點工資，不得不過著惡劣的生活。亨利喬治為了消除因土地價值上升導致資產兩極化的問題，著眼到了土地稅上，透過他的著作《進步與貧困 Progress and Poverty, 1879》[10] 向大眾提倡「單一稅」運動。以他名字命名的亨利喬治定理，內容是以政府經費進行公共建設的話，土地價格將上漲超越其支出經費，這從 1977 年約瑟夫・史迪格里茲 Joseph Stiglitz 的研究中可被證實，在特定條件下，對公共建設的投資，會導致地租地價上漲相應的

---

10 Henry George, Progress and Poverty: An Inquiry into the Cause of Industrial Depressions and of Increase of Want with Increase of Wealth. The Remedy.

金額，透過對土地的「單一稅」足以籌措公共建設經費所需要的稅金。亨利喬治定理的概念已在 18 世紀後期法國的重農主義學派 Physiocracy School 中首次被提及，他們呼籲應該針對那些因公共建設產生土地價值而受惠的地主進行課稅。

不動產公有論與自由市場經濟的衝突

在一個經濟發展的軌跡上，韓國經濟定位與美國鍍金時代末期類似，特別是在 60 年間的開發，一次就涵蓋歐洲的工業革命與美國資訊革命，在地價攀升如此快速的同時，資產兩極化加劇，因而聚集並累積許多社會問題。韓國政治史上進步派政府盧武鉉與師承其政策的文在寅政府，會如此重視這樣的社會問題，可以說是理所當然的結果。尤其接近經濟成熟期時，社會流動 social mobility 中斷陷入膠著，導致的社會不平等問題，是任何政府都無法放任不管的。這是一個不僅是進步派政府，連保守派政府也一樣苦惱的亙古難題。為解決這樣的問題，文在寅政府的不動產政策與盧武鉉政府一樣，看起來是以亨利喬治的思想為基礎，透過一戶一屋與回收不動產市價的差額獲利，讓大眾共享開發利益。

現在文在寅政府執政已進入第四年，期間政府當局分 24 次推出滴水不漏的不動產政策，這是足以達成政策目標的時間與完整的政策。看得出政府一直想讓一戶多房的人出售多餘的房產來穩定房價，終極目標是讓所有家庭都成為有房階級。但宣稱不久

後就會顯現的政策效果，如今還是成效不彰，反而房價持續漲到天際。至今連相信政府能控制房價的平民或青年們也無法再繼續等待，開始跳進買房大戰中，沒多少錢的平民與青年們陷入「如果現在再不買下我自己的房子，等到房價越漲越高就會永遠買不起的不安」中，「連靈魂都出賣」也要達成。他們也好奇，為什麼房價一直攀升，政策都沒有發揮效果嗎？把他們逼入不安感中的政府應該要給出解答，告訴民眾這種功利主義的政策是否能達成人人皆有房的目標。

說功利主義者 Utilitarian 對經濟學的貢獻只有引進效用 utility 外，什麼都沒有也不為過。傑瑞米・邊沁 Jeremy Bentham 的功利主義將判斷價值的標準放在增加多少效用與幸福，以實現「最大多數人的最大幸福」為目的，任何行為的對錯，取決於該行為對增加人類的利益與幸福所貢獻的效益來決定。快樂變成可以計量，將「效用」概念導入經濟學界是很大的貢獻，甚至可說現代經濟學是建立在名為效用這個概念的基礎上。問題在功利主義要實現的「最大多數人的最大幸福」這件事上，這只存在於純理論的世界中，是與現實世界脫離的概念。

以經濟學來看看「最大多數人的最大幸福」。假設世界上有 2 個人共生產了 6 顆蘋果，A 因為務農技術好可以生產 5 顆，B 只能生產 1 顆，當每人可拿到 3 顆蘋果時，會達成最大多數人的最大幸福，因此政府從 A 身上拿走 2 顆蘋果當作稅金，然後分給 B，讓 A 和 B 各可拿到 3 顆蘋果。隔年到了，A 現在不願生產 5 顆蘋果，

只生產 3 顆，因為生產 3 顆以上就會被政府當作稅金拿走，所以就沒了努力務農的誘因，這次政府依然從 A 身上拿走 1 顆蘋果當作稅金，並分給 B，現在 1 人各可拿到 2 顆蘋果，這也是「最大多數人的最大幸福」。接著再下一年，A 只生產 2 顆蘋果並繳納 0.5 顆當作稅金⋯⋯這樣的模式到最後會變成 A 和 B 只各生產 1 顆蘋果，各自拿著 1 顆，這也是「最大多數人的最大幸福」。功利主義這個最大化平均的作法，會讓社會性效用從一開始可以達到最高水準，經時間累積後變成最小，平均是平均，但卻是誰都不幸福的平均。

　　雖然邊沁的平均效用最大化是個無法達到的烏托邦式概念，但是他的自由主義哲學仍然帶給我們啟發。他認為人們的天性是以追求快樂、逃避痛苦來行動，不只為個人，也為群體社會帶來最大的幸福。以他的哲學為基礎，違反人類天性的任何規定或政策都難以實現。市場是集結人類天性的集合體，因此絕對不存在能贏過市場的政府，政府限制人類天性的行為，縱然宣稱是為了更大的善，也無法贏過市場，只會攪亂市場。但是各個政府或政權經常陷入幻想，覺得能夠將市場誘導到更大的善，追求功利主義的倫理性目的。在這個層面上，人類是非倫理性的，對於想要消費更多的人類來說，強迫他們生活在禁慾的世界是扭曲天性，無非是啟蒙主義的表現。

　　至少烏托邦不存在真實世界中。生活在與亨利喬治相同時代的中產階級運動家對禁酒法 The Prohibition Law 的通過功不可沒，美

國禁酒運動在清教徒強烈的禁酒主義影響下，在南北戰爭前就已建立全國性的組織。1851 年緬因州率先制定，到 20 世紀初為止已有 18 州制定禁酒法，禁酒法正式登上檯面是在第一次世界大戰時期，初期是預防性的為了確保戰時的糧草供給，接著資本家們也加入支持，想杜絕勞工因酗酒問題而生產力降低；後來就連反移民主義者、種族主義者也表態支持，因為對敵對國家德國的反感，甚至形成了想讓德國啤酒產業沒落的社會共識。為了能適用禁酒法，必須進行修憲，美國憲法第 18 條修正案在 1917 年 12 月 18 日於國會通過，憲法第 18 條修正案隨著至 1919 年 1 月 16 日各州批准完成時正式生效，然後從 1920 年起美國國會制定國家禁酒法 National Prohibition Act 於全境施行。

禁酒法取自提案的眾議院議員姓名，又被稱為沃爾斯泰德法 Volstead Act，在施行當時第一次世界大戰已經結束，禁酒法施行後美國人必須過清教徒式禁酒生活，但是人們的天性無法被政府的限制所控管，禁酒法雖然禁止酒類的製造、銷售、運輸，但因為不禁止在家中飲酒，富裕階層在法令施行前大量囤積後仍繼續飲酒，痛苦的是一般平民，隨著禁止製造與零售，酒價攀升，平民的生活變得更艱難，甚至大量的假酒流入市面，導致有人因此喪命。在禁酒法時代，美國誕生了爵士等大眾文化的 20 年代 Roaring Twenties、黑幫組織形成的無法律 10 年等時代，碰上了大眾文化的酒類需求與黑幫組織供應私酒，還催生出領導美國最大犯罪組織 —— 艾爾・卡彭 Al Capone, 1899-1947 這個怪物。他建立芝加哥最大

的私酒製造與流通的王國，成為芝加哥夜晚的王者，累積達 1 億美金的資產，最後隨著羅斯福總統 Franklin D. Roosevelt, 1882-1945 制定憲法第 21 條修正案才廢除禁酒法，美國憲法修正史上，只有第 21 條是唯一用於廢除之前的憲法修正案 憲法第 18 條修正案 的條款，獲得不大光彩的名聲。

　　自古以來沒有不存在兩極化的時代，在農業社會的封建時代，也有王室和貴族壟斷生產，法國透過大革命、俄羅斯透過布爾什維克革命推翻封建王朝，波旁王室和羅曼諾夫王室連存在痕跡都被抹去，但也還是沒有讓兩極化消失。進入工業化時代後，資本家與勞工間又一個新的兩極化。世界接著進入資訊化時代，又出現新的資訊企業家，他們推翻製造業時代原有的秩序，形成新的兩極化。我們知道的所有經濟哲學都是為支持工業化時代而誕生的，資本主義、社會主義、馬克思主義等，這些都是源自於工業化時代的人對於如何讓人類生活秩序更健全所思考出來的產物。資本主義的秩序是以自由市場為基礎；社會主義則稍微加上政府的介入，緩和兩極化的問題；然後，馬克思主義找到了階級鬥爭的解法。但是，任何違背人類天性的方法都不會成功，馬克思的共產主義在 1990 年代告終，中國式的共產主義只不過是使用共產主義的外衣，進行政治權力的收攏而已，中國可能是世界上最兩極化的國家，兩極化的問題很快地會浮現，成為阻撓持續發展、最大的社會不安因素。歐洲式的社會主義也在經歷英國外匯危機、南歐財政危機後，到達了應該摸索嶄新模式的十字路口。

否定兩極化存在的任何社會制度最後都會以失敗告終，在能夠出現劃時代的社會制度前，以現在來說，只有自由市場是唯一的解答，因為只有自由市場才符合人類的天性。

　　亨利喬治對不動產的解答也沒能落實到社會制度上，當然亨利喬治的「單一稅」與文在寅總統的不動產政策也並不一致。亨利喬治主張，無作為卻因公共建設開發而得利、不勞而獲的土地所得，應課單一稅，除了對土地的單一稅外，廢除所有因經濟活動產生附加價值所課徵的稅金。結果，還是敗給人類的天性。過去數萬年間人類社會即使經歷了璀璨耀眼的進步，大腦還是沒什麼進化，仍以生存與繁殖這兩個模式運作，生存是消費，財產是未來的消費，在此基礎上，繼承財產的行為就是提高繁殖成功率、追求子孫的消費。在狩獵採集社會挨餓是家常便飯，在農業社會也並未過著富饒的生活，如果沒有作為生產來源的農地就會餓死，對於先祖恭敬這件事，仔細想的話，無非是需要繼承農地才不會餓死、想要房屋當作財產的潛意識反應，是難以用啟蒙主義式的規範所阻擋的，最終會是天性，也就是市場獲勝，因為不想餓死的人類天性會優先於任何其他欲望，就像連憲法修正也無法禁酒的世界一樣，而且強行推動的話，甚至還會招致像艾爾‧卡彭狂妄地打造黑夜芝加哥這樣的市場副作用。各種不動產限制反而造成年輕人「連靈魂都出賣」的現象，進而導致不動產泡沫，而且現在的政府不但不撫平年輕人的苦痛，反而還譴責他們是不動產市場的艾爾‧卡彭。

和Covid-19一起的一年

2019 年年底出現了罕見的怪病。跟現存所有的流感級別完全不同，連確切到底從哪裡、怎麼開始的都不知道。我們以為是從中國武漢開始的，但中國卻主張是從其他地方傳進去的；我們以為是從武漢實驗室意外流出，但做出這個主張的中國醫生不知去向後就再也無法證明真實性。還有傳聞說製造疾病的國家是想出口口罩和疫苗。不管理由為何，Covid-19 強烈衝擊全球，SARS、MERS、新型流感 H1N1、禽流感 AI 任何一種都無法與之相提並論，是西班牙流感等級的怪病。西班牙流感發生在 1918 年，2 年間造成多達 5 千萬多萬人喪命的流感，比 14 世紀橫掃歐洲的黑死病造成的死亡人數更多，被稱為人類史上最大的災禍，當時因為沒有病毒保存技術，所以不知道流感發生的真正原因。2005 年美國一個研究小組在從阿拉斯加挖掘出的女性遺體肺組織中，成功分離出西班牙流感，活化結果確認了這個病毒和近期的新型流感一樣是 A 型流感病毒 H1N1。

我們無法得知西班牙流感是何時、何地開始的，當時醫學技術和疫病調查行政體系並不發達，是因為西班牙媒體注意後大肆報導所以才稱為西班牙流感，西班牙並非是最初的源頭。事實上流感在 1918 年初夏首次被注意到，駐紮在法國的美軍兵營出現流感患者，但這時還沒有特別的症狀，但同年 8 月出現第一個死亡案例，同時在各處接連爆發，發展成致命的流感，隨著參戰第一

次世界大戰的美軍回國，9 月 12 日在出現第一名患者，此後一個月內包含 2 萬 4 千名美軍在內，總共有 50 萬名美國人死亡，並且在此之後的 2 年，全球推估有 2 千 500 萬到 5 千萬人病故。

　　Covid-19 真的能稱得上是個狠角色，慶幸是發生在醫療技術發達的現代，如果是在 1918 年的話，搞不好會比西班牙流感造成更嚴重的後果。但現在全球所有人仍陷入恐慌狀態中，經濟停滯，全球國家呈現負成長，韓國也一樣，歐洲信評公司惠譽最近將韓國 2020 年經濟成長率從 -1.1% 上修到 -0.8%，這已經算是全球最好的成績單了。翻開每季的成績單，韓國也並非輕鬆度過難關，今年各季度成長率與前季相比，Q1 為 -1.3%，Q2 為 -3.2%，是繼 2008 年金融危機 Q4 的 3.3% 以來最低的數值，2020 年 Q3 成長率回升到 2.1%，是 2009 年 Q3 的 3.0% 以後的最大增幅，但這不過是因為 Q2 太低所造成的基底效果罷了。平均 Q2 和 Q3 的話在 -0.55%，仍難以擺脫停滯局面，細看 Q3 成長率細項的話，出口 16% 與設備投資 8.1% 帶動經濟成長，考量出口增加主要部分在於半導體這點的話，出口和設備投資全都可說是半導體的效果，說三星電子和海力士兩大公司帶動我們的經濟也不為過，排除半導體效果來說，Q3 的績效也不會太好。

　　韓國經濟實際上呈現負成長就只有 1980 年的 -1.6% 和 1998 年的 -5.1% 兩次而已，即使是 2009 年次貸危機時，經濟成長預估雖為 -1.6%，但實際卻達到 0.8% 的正成長，而 2020 年寫下史上第三次負成長紀錄。這樣的經濟狀況也如實反映到基準利率上，

2 月 Covid-19 開始擴散，韓國央行審慎評估經濟成長率從 2.3%
下調 0.2% 到 2.1%，當時央行總裁李柱烈宣布凍結基準利率在
1.25%p，並強調：「未來 Covid-19 的擴散會是影響我國經濟的主
因……，必須密切觀察其趨勢。」但在大邱新天地事件爆發後，
正式進入第一波擴散，韓國央行在 3 月 16 日緊急召開臨時金融貨
幣委員會，決定將基準利率大幅下調 0.5%p（降息兩碼），因為
擔心 Covid-19 的衝擊超出預期，會讓經濟成長率下跌外，也因為
美國聯準亦將政策利率調降 1.5%p，降到幾乎零利率，李柱烈總
裁也提及今年下修成長率預估值。就在季度實際成長率暴跌，年
度預估值也持續黯淡的狀況下，韓國央行於 5 月 28 日將基準機率
追加降息 0.25%p，掉到史上最低的 0.5%。

　　零利率時代被開啟了，Covid-19 疫情把從未想過的零利率帶
到韓國經濟，在那之前，韓國基準利率在次貸危機當時也只降息
到 2.00% 而已，2011 年又升息到 3.25%，之後因歐洲財政危機造
成全球不景氣，2014 年下半年調降到 2.00%，到此都沒有太大的
問題，問題在那之後。財政危機當時供給大量的流動性，全球不
動產市場開始變得火熱，因此澳洲等國家站出來預防性地先降息。
在 2015 年、2016 年後，世界經濟某種程度上已回穩，其他國家
也開始絞盡腦汁尋找升息的時機，但韓國央行卻追加降息，將基
準利率降到 1.25%，景氣展望正向的同時，降息是個多少讓人感
到意外的決定，再加上 2017 年與 2018 年利率上升速度實在太慢，
只升息兩次到 1.75% 就結束了。經濟學界多數認為為了因應未來

市場可能面臨的衝擊，當下升息速度應該加速，只有這樣才能保證降息的實彈效果。結果這個擔憂變成現實，疫情壟罩全球，全球主要國家都站出來積極降息時，已沒有子彈可用的韓國央行，只能最多下調到 0.75%，韓國經濟的確已進入低成長的局面，而且疫情也如巨大的海嘯般湧上來，但是跟韓國經濟的實力相比，現在對於迎接零利率時代感覺上還太早，只能說這是韓國央行在歐洲財政危機後的腳步混亂造成的結果，無法再多做解釋。

　　次貸危機後 2011 年、2012 年暫時性升息到 3.00% 後，到現在我們都一直活在超低利率的時代，基準利率大部分都落在 2.00%以下，現在停留在 0.5%，比起經濟實力還要低的基準利率代表著什麼呢？那就是金錢流動性過度氾濫。反正不到 2.00% 的利率水準，對景氣不太會有影響，在這個範圍內，不管用降息或升息，都不太會讓實體經濟有反應了。換句話說，即便立刻進行降息或升息，基準利率也不會多創造出信用，總貨幣量不會有反應。想克服這點，美國等先進國家進行量化寬鬆 Quantitative Easing，與其慢慢等金融市場的貨幣需求增加，不如直接透過買入債券向金融市場注入流動性。但市場中不是沒有流動性，排隊等待的熱錢很多，只是一直在旁窺探著能大幅獲利的機會，不輕易行動而已，這些等待中的過剩流動性，就流到不動產市場和股市中了。

　　從 Covid-19 疫情前，韓國股市與不動產市場就已過熱，KOSPI 上漲突破 2,600 點，遭遇疫情之初面臨急轉直下的下跌趨勢，但在過多的熱錢推波助瀾下緩緩上升，並以疫苗開發為起點，

再次輕鬆突破之前的 2,600 高點，現在更是暢行無阻跨越 3,000 點繼續前進。韓國股市會率先反映是當然的，因為韓國經濟結構以出口為主，也擔任全球景氣先行指標的角色，全球景氣好的話，韓國出口會率先反映。因疫情延伸的零接觸趨勢，讓韓國半導體暢銷，再加上考量美國景氣狀況或債券市場的動向，以及 3 兆美元的景氣扶植政策所造成的美元走弱，美國不再是有魅力的市場，從韓元走強來看，韓國一舉成為最有魅力的市場一點也不奇怪，就這樣隨著全球資金紛紛湧入，韓國股市如著火般持續上漲。

　　再次回到不動產市場來看，經歷財政危機低點後的首都圈不動產市場，以及 2016 年低點後加入上漲行列的非首都圈不動產市場，在疫情來臨前都是維持漲勢。2018、2019 年不動產市場朝著高點奔去，形成泡沫市場，先以過剩流動性的柴火為基礎，到如同供應氧氣般的政府政策，兩者相遇後不斷重複著無止盡的上升，且已過了應該能調整的時期了。這是因為，在朴槿惠政府時已經漲到合理價格，那麼文在寅政府就應該要好好管理不動產市場，讓不動產價格限縮在合理水準，就算不這樣做，不動產市場也因為過多流動性隨時會爆發，這時還因政策失誤在裡面注入氧氣，快速燃燒殆盡也是必然的結果。不動產專家們對泡沫化的警告開始出現，繼續放任的話泡沫破裂的危險會加大，應該要好好管理使其回歸穩定。爐灶的火依照柴火與氧氣的供應量，決定火的大小和持續的時間，換句話說，韓國央行應該升息，政府應該祭出擴大供給量的對策。雖然有點慢，但韓國央行當時開始升息後，

如果沒發生什麼事的話，到現在應該可以到 2% 中間以上的利息水準。但 Covid-19 破壞了升息計畫，應該要往上的利息反而下調到零利率，直接在不動產市場再加柴添火，且直到最後政府都沒釋出供給政策。對首都圈進行壓制的話，它的邊緣就會因氣球效應彈起，這還不夠，現在連非首都圈不動產市場也點燃新的鞭炮，釜山的公寓甚至比部分首爾的公寓價格還更貴，泡沫正越來越大。

　　事實上在交易市場中，政府和市場持續進行角力，政府一直向市場逼近，雖然政府當局否認，但看看飆漲的不動產價格，裁判已經牽起市場的手了。也就是在這個時間點，讓交易市場的情形更糟的法案在國會通過了，就是 2＋2 租賃法。這原本是站在保護房客的角度推出的法律，保障房客有權可將傳貰期間從現在的 2 年得以再延長 2 年，每 2 年搬一次家是件很辛苦的事，這是因為無法負擔房東大幅調漲傳貰保證金，而只能被趕到外圍地區的悲哀。不只 GDP，韓國想在社會福利方面向真正的先進國家看齊，強化房客的權利是理所當然的，而且那樣做可以讓社會更往前走一步也是錯不了的。雖然無法像先進國家一樣保障房客永久的居住權利，但 2 年也實在太短。如果想要做就應該要做好，因為極度不成熟的政策，讓不動產市場又再次陷入混亂，首先應該要供應足夠的租賃住宅後，再去通過保護房客的法令才對。

　　傳貰市場和交易市場不同，是實際需求的市場，住客如果無法馬上找到房子的話，就必須露宿街頭，2＋2 法案通過後，怕被傳貰長時間綁住的房東開始收回傳貰的房屋，轉為收取月租的

半傳貰或 100% 月租房就變成常有的事，繼續用傳貰出租的人也大幅調漲保證金，搬家日期逼近，還找不到傳貰房，急到跺腳的人們增加，最後只有平民百姓遭受痛苦而已。事實上政府並不該通過這樣的法案，而是應該大幅增加公共租賃住宅的供給，供給大於需求的話，房客在協商上也會變得佔有優勢，會讓想找傳貰房客的房東們不得不提出更好的條件，也就是更便宜的價格、租更長的傳貰時間。公共租賃住宅供給增加的話，就沒有必要立法 2 ＋ 2 法案，因為傳貰房客若在市場上找不到傳貰房的話，隨時都可有公共租賃住宅替代方案。但現實的順序反過來，先在 2 ＋ 2 法案慘吞一敗後，才想急著推出租賃政策，當然就不會有什麼好的供給政策，公寓又不是一個晚上可以跑出來的，現在不論任何公共租賃住宅供給計畫，下再多猛藥都無效，因為已經失去市場的信任了。

　　高漲的傳貰價格也會推動市價上漲，傳貰價和市價差異越小，傳貰需求就會轉為交易需求，實際上，隨著首爾越來越難租到傳貰，購買中低價位公寓的需求正在增加，難租傳貰喚出了「連靈魂都出賣」的那些人。11 月首爾公寓交易件數截至 12 月 14 日為止是 4,451 件，超越 10 月的 4,369 件，距離申報時間還剩半個月，預估應該會超過 5 千件。2020 年 3 ～ 5 月的 3 千到 5 千件到 6 ～ 7 月 1 萬到 1 萬 5 千件，首爾公寓交易量大幅上升，後來因為壓制需求政策與供給政策調整後，9 月快速降到 3,763 件，但是 10 月又回到 4,369 件，11 月看起來就要超過 5 千件。2 ＋ 2 法案

引發傳貰保證金上升，傳貰需求轉為交易需求，市價相對較低的首爾外圍與京畿道地區交易量增加，因傳貰保證金與購屋的自備款差額也不大，買家不如從銀行多借一點買下自己的房子，而且看著每天持續上漲的房價，大家也想趁漲更高之前買下房子。現在要想看到房價回穩幾乎是沒希望了，仔細想想其實很簡單，在收取高傳貰保證金的狀況下，房價怎麼還會下跌呢？

羅馬著火了嗎

綜合來看的話，市場的熱錢流動牽引著韓國不動產漲跌，而錢的流動則會受政策影響。經歷次貸、歐洲財政危機，不斷累積的金錢流動性在一次也沒有回收的狀況下，因為疫情又更擴大了。韓國央行降息兩次的錯誤政策也責無旁貸，因為降息也無法刺激景氣，反而會陷入金錢流動性更旺盛的陷阱。而後來才開始的升息循環，速度實在太慢，無法發揮政策力量。政府遇到新危機時用的降息力道卻沒有用在升息上，等到面對疫情後就不得不再次降息，這就是最終變成零利率的根本原因。沒有想過零利率會如此快到來，現在零利率對我們來說還太早，傳統上應該是鷹派的韓國央行，在過去十年間突然變成鴿派，向市場注入過多的流動性。過多流動性應該要流向某處，但通往實體市場的閘門已被堵住，因為通常景氣停滯期的實體市場最窒礙難行，所以最終的錢都流向資產市場，比起因疫情暴跌的股市，它選擇流入仍然強勢

的不動產市場。依照我的估計，韓國不動產市場早已進入泡沫區，就算是比現在價格低 20% 都已經是在泡沫區間裡，且即使進入泡沫區間，上漲的聲勢仍未曾停息，如此之高的漲勢在某天全面崩盤也不稀奇。

公元 64 年的羅馬帝國，羅馬城正在經歷持續整整一週的大火，尼祿皇帝在樂器伴奏下唱起歌來，這是電影《暴君焚城錄》的一個場景，之後都是大家耳熟能詳的內容。尼祿皇帝將羅馬城大火的責任推卸給基督教信徒，這就像在關東大地震時，日本政治人物大量散播「在井水裡下毒」的謠言，要把責任推卸給「朝鮮人」，是一樣的道理。尼祿當時也對基督教信徒進行大規模的鎮壓，無數基督教徒慘遭火刑或在監獄中病死，隨著日子一天天過去，迫害越來越嚴重，聖徒彼得決定留下信徒獨自離開羅馬，那時在陽光下某個身影向他走來，彼得看到後驚喜地俯首於地，說著：「喔！基督！基督！主啊！祢往何處去？」此時一個溫和卻又帶著悲傷的聲音對彼得說：「因為你拋下了我的羔羊們，所以我為了再次被釘在十字架上要前去羅馬。」那時彼得領悟到不能讓主再次被釘上十字架，轉頭回到那要置他於死地的羅馬。接著就是看到彼得被倒掛釘上十字架，還不忘鼓舞著信徒們的壯烈結局。我們的不動產市場現在到底是奔向何處呢？這如同野火般的疫情結束後，會再次平息找回原本市場的樣子嗎？還是再次朝向羅馬前進，迎向被倒掛釘在十字架上慘烈的結局呢？

第 **2** 章

不動產市場泡沫診斷

蜂窩循環模型

　　如上一章說的，韓國不動產市場從 2013 年初歐洲財政危機時已觸底，那個時期誰都不想多看不動產一眼，中年層擔心不知道還會跌到哪，連碰都不敢碰；青年層認為這是人口結構論中長期下降的開始，所以對此完全失去興趣；全體國民對不動產價格上升也不抱任何期待。以下是不動產蜂窩循環模型，橫軸代表交易量，縱軸代表交易價格，在像蜂窩的六角形面上，將公寓交易價與交易量的座標連起來，就成為蜂窩循環模型。依照蜂窩循環模型，這個圖表是依逆時針移動的，座標停在左下方價跌量縮時是不動產衰退期，在右上方價漲量增的話是繁榮期，步入復甦期的特徵是價格沒有變動但交易卻活化的區間，是不動產買入的良機，而步入衰退期的特徵是出價直衝雲霄，但交易卻銳減的時期，是出售的最佳時機。

　　首先來看首都圈公寓的蜂窩循環模型。第一個特徵是 2013 年觸底後，到 2020 年 9 月為止持續維持上漲趨勢，整整上漲 8 年，這是打破 7 年一循環的上漲趨勢。7 年一循環在以前有某種程度上的信服力，但現在其意義多少有點失效，7 年的道理是因為「土地購入→預售→建設→入住」的時間平均是 7 年，以每 7 年為間隔重複著供給過剩與需求過剩現象所產生的理論。但是最近建築技術、金融等相關領域更發達，所以購入土地或建設公寓所需的時間大幅減少，不僅如此，取得土地後就馬上開始預售的例子也

大幅增加，依建案的不同，所需時間也天差地別，因此現在 7 年
的循環已非絕對，最近幾乎已看不到 7 年一循環的論調。重要的
是上漲超過 7 年的現象不是罕見的事，首都圈公寓市場到現在不
見一絲要步入衰退期的跡象，這點才是重要的。第二，圖表上往
左右水平移動是因政策風險導致市場扭曲的現象，通常看到圖表
往左側移動可聯想為進入衰退期，看到圖表往右側移動可聯想為
進入復甦期，但是幾個月內一下往左，一下往右快速移動，就不
是一個正常的現象，以年為單位移動才是正常的，往左右快速移
動則是因政策風險造成的扭曲。

韓國首都圈公寓蜂窩循環模型

資料：KB 不動產，國土交通部
註：住宅交易價格指數已轉為 CPI 呈現

　　首先來看朴槿惠政府初期 2013 ～ 2014 年，交易價格沒有太大變化，只有交易量激烈地向左右搖擺，因為當時朴槿惠政府釋出不動產扶植政策，當時大多人對市場恢復覺得不樂觀，只有部分的創新者相信政府政策而開始交易公寓，因此重複著每次當推出政策時，交易量增加；當政策藥效全部發揮完後，交易量又再次萎縮。而文在寅政府的不動產限制政策也成為擾亂市場的因素。第三，實際價格出現恢復上升的現象是在 2015 ～ 2016 年，進到2016 年後不動產市場一度迷失方向，但是 2017 年文在寅政府上任後，開始看得出往圖表右上前進的趨勢，然後這樣的上漲趨勢到現在都還持續有效。

　　首都圈公寓市場至今尚未看到下跌的跡象，特別是如果看交易價／傳貰價比的話，仍持續保持上升的現象。以下來看交易價／傳貰價比，一般來說正常的交易價／傳貰價比會落在 60%，2013 年交易價／傳貰價比維持在 55%，當時因對未來房價的悲觀心理，形成誰都不想買房只想用傳貰租房的氛圍，當交易需求轉為傳貰需求，交易價／傳貰價比開始升高。2016 年上半年出現最高點超過 75%，當時爆發出不管是房價或傳貰價都沒太大差異的「罐頭傳貰」現象，江南部分地區甚至出現傳貰價格超過交易價格，這種難以用常理說明的現象。高交易價／傳貰價比促使傳貰需求轉換為交易需求，如果交易價格或傳貰價格沒有太多差別，而且公寓價格又處於上漲的趨勢的話，很快地就會將傳貰需求轉化為交易需求。進到 2016 年後，隨著交易價格正式開始上漲，傳

貰價回歸穩定，交易價／傳貰價比再次往下走，直到 2020 年夏季前皆是如此。但是突然汝矣島傳來租賃三法即將正式立法的新聞快報，其中的 2＋2 法最成問題。市場上的傳貰物件銷聲匿跡，傳貰價開始飆漲，同時原本已經朝著 60% 回穩的交易價／傳貰價比又再次轉為上漲的趨勢，想當然，高傳貰價推升交易價的現象再次出現。

韓國首都圈公寓交易價／傳貰價比

資料：KB 不動產

　　在進行現象診斷與預測展望前，先來看看非首都圈公寓市場。非首都圈的蜂窩循環模型和首都圈不同，呈現出較為雜亂的圖表，那是因為非首都圈還處在上一個循環期時，又再次進到上漲區間的緣故。歐洲財政危機後，先對朴槿惠政府的扶植政策開始有反應的是非首都圈的不動產市場，如果看蜂窩循環模型的話，

非首都圈在 2013 ～ 2015 年歷經復甦期與繁榮期，2016 年移動到步入衰退期與衰退期區間，非首都圈不動產市場之所以會率先有反應是有跡可循的，因為在此前泡沫七地區房價火熱時，非首都圈不動產則是徹底遭到冷落，並持續長時間衰退的緣故。經歷一次艱困的衰退期，終於到可以進到上漲區間的時候，正好朴槿惠政府上任帶動上漲氛圍下，才會立刻就有反應，接著進到 2016 年，將主導權交給首都圈不動產市場後就進入衰退區間。但，奇怪的現象發生了，非首都圈不動產市場對於文在寅政府的不動產限制政策再次開始有反應，這是對供給不足的擔憂擴大所致，首都圈市場的熱潮，將本應進入衰退期的非首都圈不動產市場，再次回到上漲趨勢中。

　　其實要說非首都圈不動產市場步入衰退期，也有點勉強。非首都圈交易價／傳貰價比通常會比首都圈還高，意思是它的不動產交易市場比起首都圈更貼近實際需求，非首都圈的交易價／傳貰價比在 2015 年下跌後，2016 年與 2017 年再次上升，這代表的是 2015 年公寓價格急遽上漲，而 2016 ～ 2017 年期間公寓價格出現下跌趨勢的同時，該比率也再次上升。即，不動產市場循環從 2013 年到 2017 年完成循環。但過了 2017 年，交易價／傳貰價比又再次進到下跌的區間，這是因為交易價格上升的緣故，而且與首都圈一樣，從租賃三法通過開始，傳貰價飆升讓該比率轉為上升後，理所當然也出現推升公寓交易價格上漲的現象。

韓國五大廣域市蜂窩循環模型

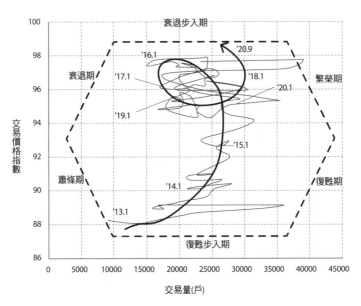

資料：KB 不動產，國土交通部
註：住宅交易價格指數已轉為 CPI 呈現

韓國五大廣域市公寓交易價／傳貰價比

資料：KB 不動產

大勢究竟是上漲還是泡沫化？

　　大勢究竟是上漲？還是泡沫化？這真的很重要，因為不管是有實際需求的人或是投資客，甚至連「投機客」全都在評估。想置辦自住用房產的人、想換大房子而賣房的人、持有多間房子當投資的人，以及以短期獲利為目的投機的人都是如此。當然對於買房後自住的人來說可能沒有太大的意義，因為那是之後也會繼續住的房子，價格的問題不太大。但是也不完全是如此，房子在個人觀點中是累積資產最大的方法，價格要上升才能累積更多資產，老年生活才能更穩定，如果上漲很多就能享受更富足的老年生活。另外，房產更是一種緊急預備金，有時候會臨時急需一大筆錢大部分都是因為發生不幸的事所致。在不幸的事發生時，如果連房價都跌到谷底的話，就是雙倍的痛苦了。跌到谷底外，如果連交易量也是寒冬的話那就更糟糕了。就算買下的房子原本不是用來賣的，但沒有人看到房價上漲心情會不好的，也沒有人看到房價下跌心情會好的，至少幸福指數就不同，房價會決定人們是放寬心舒服地生活，還是不安焦躁地生活。

　　前面提到的兩種圖表是我在分析不動產市場時主要參考的圖表，最能顯現不動產市場現在的狀態，只以這兩者來看，不動產市場還未反轉，主要趨勢仍在上漲，但這上漲的時間未免也太長了，經過八年還沒看到這次循環結束的跡象，連往衰退期方向走的跡象也看不到。問題在於這兩種圖表只能告訴我們現在的狀況，

無法預測未來，可能明天圖表的方向就突然往衰退期反轉，因此
對未來的判斷需要對幾項指標多做分析。

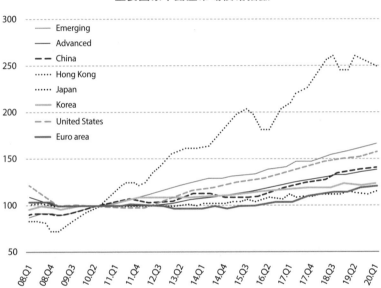

主要國家不動產市場價格指數

資料：國際結算銀行 (BIS)
註：2010=100

　　首先看看韓國不動產價格是否跟他國比起來上漲更多。全世
界不動產價格上漲最多的國家是香港，雖然無法說香港是個國家，
但它到目前還是被視為一個個別經濟體，考量這點後來細看的話，
香港地區雖然較小，但比起大部分的城市卻有來自中國的巨大資
本需求湧入，房價不得不直衝雲霄地飆漲。2019 年引發全球新聞
關注的香港事件，其背景之一就是來自對房價扶搖直上飆漲的不

滿，當然事實上導火線是因逃犯引渡條例引起對一國兩制的疑問沒錯，但也不能否認此前中國人拉抬房價侵害香港人居住穩定性，長久以來累積不滿聲浪，才會讓這次香港事件的強度更強烈。但就算不提香港，韓國的不動產價格指數跟先進國家、新興國家、中國、美國其他地方相比也不算高，比我們更低的國家是日本和歐盟，日本從 1995 年泡沫化後持續的通貨緊縮壓力，讓不動產價格無法大幅上漲；而 EU 則是經歷財政危機後的南歐國家持續衰退，到現在才艱難地回復到 2010 年的水準，平均處於較低價的程度。而北歐地區的不動產價格漲勢與韓國相比則相當高，韓國相較其他國家來說，還沒出現那樣急遽上漲的趨勢，至少在圖表上看來是這樣。

　　那麼接下來就要來看家庭是否健全到可以支撐現在的不動產價格，下一個指標就是家庭負債比率。家庭負債比率可以看到購買不動產的能力，下圖為對比可支配所得的家庭負債比率，可支配所得可理解為在所得中減去各項稅金後，實際上家庭可消費的所得。為了合理比較各國，在此使用 OECD 的統計。這裡出現一個問題，應該要用可支配所得來償還家庭負債本利金的，但唯獨韓國的家庭負債比率呈現過高的樣態。大致上來說，家庭負債比率為100%時可說是穩定的水準，120% 雖高但還在可承擔的範圍，越過這條線就是亮紅燈，但如果超過140% 的話那就視為泡沫了。在上次次貸危機時，處在不動產暴跌震央的美國、英國等主要國家，當時家庭負債比率曾達到 150～160%，現在主要國家全都維

持在 100% 左右穩定的水準，連財政危機風暴中心的西班牙也回
到 100% 左右，但 2019 年韓國的家庭負債比率足足超過 190%，
已經不只是危險的徵兆了。但也比須考慮到一項含國才有的特殊
背景，就是傳貰制度造成居住成本負擔不高的這點。

　　以美國為例，美國房客平均將可支配所得的 30% 用於繳交房
租，持有自用住宅時，取代房租的是需繳交與房租相當的持有稅
和房貸利息。相反地，韓國的傳貰制度得以讓生活沒有月租的負
擔，購買自用住宅時也因比美國相對更低的貸款比例，利息負擔
較少，持有稅也低，因此在可支配所得中，居住成本所占負擔較
少，因此韓國可在家庭負債比率最多減去 30% 左右，這樣計算也
不為過。在這個邏輯下，190% 的 30%，也就是減去 57%p 的話，
最低大概在 133% 左右，以此來看可得出我國的家庭負債比率仍
逼近 140%，仍是進到亮紅燈區。

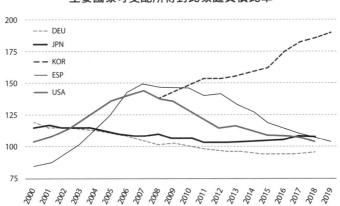

主要國家可支配所得對比家庭負債比率

資料：OECD

　　來看看家庭的債務健全性層面的另一項指標，最近金融當
局常使用的是總負債本利金償還比率 debt service ratio, DSR，總負債本
利金償還比率看的是所得中用於負擔償還本利金所佔的比例，一
般來說 10% 是穩定區，到達 12% 視為泡沫訊號，相反地，低於
10% 的話，視為購買住宅能力大。2020 年主要國家的總負債本利
金償還比率為 6 ～ 8%，即便是財政危機當事國家的西班牙也下降
到 6%。問題是韓國 2020 年第一季高達 12.4%，這和負債比率不
同並沒有太多可抵減的因素，即使考量傳貰制度等原因，多少抵
減部分效果，但仍在太高的程度，應被視為進到亮紅燈區。

主要國家總負債本利金償還比率 (DSR)

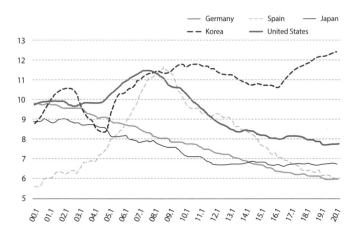

資料：BIS

接下來是韓國住宅金融公社公布的住宅購買負擔指數 Housing Affordability Index，住宅購買負擔指數是指所得在中位數的家庭以標準房貸購買中間價位的住宅時，其償還房貸的負擔程度[11]。住宅購買負擔指數越低，對於購買住宅的負擔就越寬裕，指數越高負擔也會增加。住宅購買負擔指數是判斷地區是否為泡沫相當重要的統計數據，比起絕對數值，其展現的趨勢更為重要，住宅購買負擔指數之所以重要，是因為房價是依據住宅購買者的所得水準，也就是購買力所決定，以更理論層面來說明的話，大衛‧李嘉圖 David Ricardo 的差額地租論是根深蒂固的。差額地租論的概要是指，經濟作物的量決定不動產價格的理論。簡單來說，位置好的不動產更具價值，比如拿在曼哈頓中心的土地與位於北極的土地價值來比較就能容易理解。簡而言之，不動產價格就是地點，地點代表經濟活動的程度，這又會再體現於在該地區勞工的月薪中，購買力與地點就像是銅板的兩面。

要來看住宅購買負擔指數時，以首爾市代表首都圈，釜山市代表非首都圈。首先來看首爾，2004 年信用卡之亂後景氣跌到谷底，這時指數來到相當低的水準，然而從 2006 年起到 2008 年次貸危機之前，不動產價格開始上漲，房價越高自備款就需要越多，因此住宅購買負擔也就越大。次貸危機前首爾的住宅購買負擔指數上升到 164.8；次貸危機後泡沫開始，歷經財政危機高峰後

---

11 住宅購買負擔指數＝可償還貸款之所得 ÷ 中位數家庭所得 ×100。

的 2015 年第一季，購買負擔下降到 83.7，這比起信用卡之亂跌到谷底時的 108.5 還要低 24.8 個百分點。接著之後又再次持續令人喘不過氣的上升拉力賽，到 2020 年第三季的現在已經邊增到 144.5，這是逼近次貸危機的泡沫現象。非首都圈多少展現出與首爾不同的循環，2006 年停滯不動的公寓價格，正式動起來是 2010 年，首爾與首都圈開始下跌同時，非首都圈不動產市場拉力出現，然後經過財政危機後，全國性的拉力共同作用，2017 年循環結束的同時，上升拉力就消失了。但是近期非首都圈再次出現這股上升拉力，再過不久非首都圈的住宅購買負擔指數預計也將進入上升區間。

韓國住宅購買負擔指數

資料：韓國住宅金融公社

現在再看一個指標，就是房價所得比 price to income ratio, PIR，
PIR 是將房價除以每戶年所得後得到的倍數[12]，即 PIR 若為十倍，
代表要存下十年的所得才能買得起一間房子的意思，PIR 比率上
升的話，要買下房子時間就需要更長，反之，下降的話就是時間
縮短。這項統計較難解釋，因此通常不太看，這是因為根據房價
或所得使用何種數值的不同，計算的結果甚至會完全相反的緣
故，鄉下和大城市的水準也不同，與其他國家統計也較難做比較。
但因為找不到其他更適合的指標，在此只把這個當作與全球主要
城市比較的輔助指標。以下介紹的統計是來自名為 NUMBEO 的
住宅專門統計公司之數據，根據這項統計，2020 年年中紐約為
10.22 倍、倫敦為 15.69 倍、巴黎為 21.65 倍、東京為 15.87 倍、
北京為 41.56 倍、香港為 43.52 倍、首爾為 24.58 倍。大部分大城
市的 PIR 倍數都很高，為了購置房屋最少需要十年所得，最多需
要 43 年的所得。其中，香港因為其特殊性，北京因為尚未成為高
度開發的城市，我把它們從比較對象中排除，紐約則是要考慮到
涵蓋範圍會造成統計偏差而剔除。那麼剩下的城市有倫敦、巴黎、
東京、首爾，其中首爾的倍數是最高的，整整需要存下 25 年份的
所得才能買一間房子，可視為比起倫敦、東京的 16 倍左右，約高
估將近 50%，以 PIR 來看韓國不動產市場也是進到亮紅燈區。[13]

---

12 IR= 房價 ÷ 家庭所得。
13 2020 年年中，台北的 PIR 為 33.51，亦即要不吃不喝 33 年多把所得全部存下才能
　 買一間房。

人無千日好，花無百日紅

到目前為止對不動產市場指標檢視的結果來看，韓國不動產市場確實亮起紅燈，某天泡沫突然破掉一點也不奇怪，各種的市場跡象已經顯現，全國幾乎所有主要城市都紛紛喊出新高價，「今新盆唐」、「今新一山」甚至到「今新昌原」都紛紛出現，這真的太超過了。不動產討論區不斷出現推薦值得做差額投資標的的文章，「不動產幼幼班」們不停求問買進建議，當所有人成為一體在談論著美好未來、所有人都沉浸在樂觀的未來時，就要小心泡沫了。這裡更需深刻注意一個關鍵，那就是「連靈魂都出賣」的人，為什麼想要買間屬於自己的房子需要連靈魂都收集起來出賣呢？這由韓國人民對擁有自己的房子的執念可略知一二。這是輾轉於傳貰、月租過的人都曉得的感覺，傳貰的哀傷是每兩年就必須搬一次家，而且每次不夠支付上漲的傳貰租金時，只能被迫搬到外圍區域。月租晚繳一兩個月，就要看房東的臉色，那股無形壓力漸漸逼近，小孩童言童語地問著：「為什麼我們沒有自己的家呢？」時不禁悲從中來，誰沒有過一兩次這樣的經驗呢？雨不停地下，冬至臘月時的風雪交加，那樣的悲傷，如果沒有經歷過的人是不會懂的，有這樣的悲傷多少可以理解「連靈魂都出賣」的心情，但這樣的話，是不是所有人都會體會到「連靈魂都出賣」的感受？

正常的社會是可以用適當程度的所得買入自己的房子，依地

區經濟能力或購買力去決定不動產價格，如果把李嘉圖的差額地租論反過來理解的話，任何地區的價值與該地區的經濟力、購買力水準脫不了關係，那麼需要「連靈魂都出賣」就是脫離正常購買力的購買行為。我用盡我的經濟學、財務管理學知識，也無法說明這在經濟學或財務管理學理論中，是否可被合理化。如果正常程度下，踏入社會十年左右應該可買下自己的房子，就算再長也大概是十五年，通常會在四十歲上下，小孩也到了該上學的年紀，選在要就學的小學附近或在專注於升學的高中附近定居，買下自己的房子才是正常的。要買下自己的房子雖不是簡單的事，但一般從常理來看，只要從夫家或娘家拿到「父母奧援」就足以達成。因為需求湧入、房價上漲，等待的需求也跟著湧上來，價格就飆漲了。等在一旁「連靈魂都出賣」的二、三十歲參與市場後，連短線投機客都登場，雖然引來這股投機潮的是過多的金錢流動性，但推波助瀾的卻是政府缺乏供給政策的需求抑制政策。事實上，現在不動產市場是由政府與市場兩股力量在角力，不動產價格就是政府推向市場的結果，政府如果夠強的話，市場無法使上力，搞不好房價就不會像現在這樣。在摔角時如果想讓對手跌倒，必須勾內側腿、或勾外側腿，不然就是提起對手再絆腿，重點是要絆住對手支撐重心的腿，如果一直去勾不是重心的腿的話，就會「絆空」，政府政策就是絆了個空，還反被市場回擊。政府如果可以展開以供給為主的政策，那就會是一場可以很快結束的氣勢之戰了。但政府非但沒有供給更多物件到市場，還釋出

更強力的限制政策，每當此時就會迎來房價飆漲，現在市場似乎也開始了不想輸給政府的心理戰。

造成這場戰爭的源頭當然是政府，市場只是因應政府限制政策做出最合理的選擇而已，例如將損害最少化或尋租行為。因為政府不推出供給政策，依稀少性原則選擇購買中心地區的公寓；因為中心地區被指定為投機過熱地區，所以買下金浦的公寓；因為對多房者的限制政策，所以有技巧地換成一房；因為利得稅變高，所以用同樣價錢去贈與。這在損害最少化或追求利潤的層面上都是合理的選擇，但是政府卻把這些人都歸類為投機客，尤其是那些深怕以後房價越來越高買不起房，紛紛站出來的二、三十歲，他們雖有實際需求，但也被歸為投機客。問題是政府本身卻一點也不單純，文在寅政府的不動產政策偏向不動產公有論，在某方面，似乎可理解為修正成符合資本主義社會的修正版公有概念。在這樣的基礎上，不勞而獲，也就是非屬勞動所得的任何尋租行為，全都屬於投機行為，於是，因不動產價格上漲帶來的獲利，都被歸為不勞而獲，形成公寓僅能用於實際居住的居住政策。但問題是政府當局者中，持有江南、果川等蛋黃區公寓，享受偌大的市價套利，而以各種藉口持有兩間房以上的人也很多。當局者們將市價套利解釋為符合實際居住需求而偶然產生的獲利，卻把一般人的市價套利稱為是有意圖的投機性獲利；持有兩間房的當局者們說自己是有實際居住需求，卻將持有兩間房的一般人歸為投機目的。

　　十字軍東征是一場從 1095 年到 1291 年，向著耶路撒冷地區的統治權出征八次的戰爭。1071 年東羅馬帝國勢力轉弱時，請求援軍支援對抗異教徒，在 1095 年 3 月於皮亞琴察召開的宗教會議上，教皇烏爾巴諾二世接見東羅馬帝國的使團，為了守護神聖的教會而決定支援，之後到處演講募集十字軍，以 1095 年 11 月克萊蒙宗教會議為起點，西歐在兩百年期間持續派出十字軍。當時參與戰爭的騎士們會在胸口和肩膀標上十字標記，而讓他們被稱為十字。十字軍東征在意義上雖是以伊斯蘭教為對象的宗教戰爭，但實際不只如此，這是一場包含封建領主與騎士們的領土擴張、商人們的經濟利益、農民們欲擺脫封建莊園制等，各種利害關係都藏在信仰狂熱背後的戰爭。這樣的十字軍東征能夠跨越兩百年進行八次，是因為它把各式各樣的動機藏在聖戰的名義後，為了讓戰爭可以長久進行，必須包裝成純粹的動機，將欲望和掠奪以宗教信念包裝，不能讓它顯露出來。韓國政府的不動產十字軍毀掉了這單純的動機，並不是說動機本身不單純，而是政策當局者們將連自己都不信奉的信念強加於市場，這才是問題。政策當局者保有在江南的公寓，同時卻叫國民離開江南；政策當局者們住在屬於自己的房子，同時卻叫國民租房子住；政策當局者們都持有兩間房產，卻叫國民只能持有一間，那麼有哪個國民會相信政府並跟隨政策呢？我們的社會已經深植資本主義，卻硬是推動社會主義的公有概念，於是產生這樣的矛盾，這場戰爭的結局早已注定，沒有能贏過國民的政府。

　　人無千日好，花無百日紅，任何權力都無法持續超過十年，現任政府若是個能走過一百年的政府，透過各種限制法案與政策就能讓公有概念在市場紮根，但是在資本主義根深蒂固的韓國，只有五年的任期是不夠的。先不論保守派政府，即使是新的進步派政府上任也很難一直實行現在的限制政策，因為人們只要等待下次大選到來就可以，終局就是沒有能贏過市場的政府。同樣地，也沒有永遠美好的未來，不動產市場如果能沒有盡頭地持續上漲那有多好？但是沒有盡頭持續上升的市場並不存在，但如果說不多也不少，剛好依物價上升率每年上漲的話那就不知道了。市場總讓泡沫累積，而泡沫又會隨時破裂，在這種心理戰中，是沒有邏輯理論插足的餘地，在這般情感激昂的狀況下，是難以期待會有「這個程度可能難以承受，乾脆等待下次機會」的合理邏輯。現在的市場由非理性的狂熱所支配，但是投機狂熱在肥皂泡泡破掉時，不是只有追泡沫的小孩會哭，到了那天，市場將充斥悲觀，恐怖心理會主宰整個市場，任何花都有凋謝的一天的。

零接觸時代是新常態價格水準嗎？

　　現在正是零接觸時代，第四次工業革命已經開始一陣子了，通訊科技的發達，讓圍棋競賽也被 Alpha Go 攻佔。從網路書店起家的亞馬遜 Amazon 首次擊敗紐約最大傳統書店巴諾書店 Barnes & Nobles，現在連沃爾瑪 Walmatt、玩具反斗城 Toys-R-Us、以及

Home Depot 等零售業者，或是布魯明黛 Bloomingdale's、梅西 Macy's、Nordstrom、薩克斯第五大道 Saks Fifth Avenue 這樣的百貨公司也呈現瀕死狀態，臉書 Facebook、亞馬遜 Amazon、蘋果 Apple、網飛 Netflix、Google 等被合稱為 FAANG 的企業們席捲零售市場已經很久了。現在新型冠狀病毒疫情還在持續，人們開始避免與其他人接觸，線上化以飛快速度擴散到更廣的範圍，那麼如果疫情結束的話，會回到原本的生活嗎？與人接觸的時代會再次來臨嗎？這是非常重要的問題，因為這是既有模式是否會被改變的問題。

　　一般來說，不管這巨大的經濟危機原因為何，Covid-19 疫情已喚出零接觸時代的新模式，而且人們已經深刻體會到，坐在家裡用手機或電腦下單是多麼方便的事，這比起去市場、超市為了找商品來來回回，來得更方便且價格更親民。方便，這是從古到今人類一直追求的改革，所有改革的動機都是從方便而來，所謂方便就是能量的經濟性，當然也可以節省時間，但這最終都是為了得到更多的能量。到處採集作物需要消耗許多能量，作物又不是集中在一處，可能在整片原野來回遊蕩都難以收集到一餐的分量，也無法保證採集到的作物能充分支撐在原野來來回回的體力。所以人們開始將穀物帶到自家前，將果樹帶到後院，在自家院子鑿井取代去河邊取水灌溉，捕抓雞隻改為畜養，為了趕走捕食家畜的猛獸，開始和狗一起生活，為了抓偷稻穀的老鼠，養起了貓。去超市這件事其實也是一種採集行為，把超市搬到家裡來的話，就能更輕鬆了，人們自從把穀物帶回自家院子後，就再也不會回

到平原採集作物了，超市也是一樣的道理。

　　那麼零接觸時代也為不動產市場帶來新常態嗎？這是充分可能的，而且了解這種新常態就能在不動產投資大大成功。這裡我們需要著眼兩件事：一個是現在的新價格是泡沫還是新常態，另一個是零接觸時代的居住或商業模式所帶來的不動產市場新常態為何。首先來看在這個市場目前的價格是否合理，事實上零接觸本身要直接連結到不動產價格是有困難的，零接觸與不動產價格，感覺有點不搭，連結兩者的魔法鑰匙就是名為利率的架構，因為利率是決定投資資產價格的準星，所以我們要在「零接觸時代下，利率的新常態為何？」中，尋找這個價格水準是否為泡沫的解答。

　　決定利率的因子是通膨與經濟成長率，韓國央行、美國聯準會或其他國家央行，全都把這兩種相反的指標握在手中，亦步亦趨的。升息雖能抓住通膨，但成長率就會下跌；相反地，降息雖無法抓住通膨，但成長率就會上升。不管是高利率或低利率，任何一種都無法持續長久，太高的話景氣就會冷卻，太低的話累積的泡沫不知何時會破裂，所以低物價－中成長，也就是金髮女孩經濟是所有央行所希望的最適當狀態，但是金髮女孩經濟也無法持續太久，金髮女孩與泡沫是同義字，因為金髮女孩的存續期間與泡沫大小成正比。過去十年間，美國經濟鼓吹金髮女孩，次貸危機以後最長時間的景氣擴張趨勢仍持續，物價也並未上漲到令人擔憂的程度，不加快升息速度也無所謂，股價連日創新紀錄，通膨與經濟成長率這兩種決定利息的因子本來是相反的，但是不

知何時開始，竟出現物價配合著經濟成長率的現象。迎來零接觸時代的同時，通膨與經濟成長率，這兩個關鍵因子在決定利率的公式中發生了變化。

唐納‧川普當選美國總統當時，聯準會主席珍妮特‧葉倫 Janet I. Yellen 要連任變得困難，市場十分關注繼任者會是誰，被提出來最有力的候選人是以泰勒法則 Taylor's Rule 聞名，貨幣政策專家，史丹佛大學教授約翰‧泰勒 John B. Taylor。1992 年泰勒首次提出此法則，政策利率需配合通膨率先調整，這對穩定經濟非常重要。貨幣政策中有關法則與權衡的討論，在 1960 ～ 1980 年代是經濟學界討論的核心主題之一。米爾頓‧傅利曼 Milton Friedman 作為法則主義的強力信徒，他主張固定貨幣成長法則 k-percent rule，認為央行應該每年以一定比率的增加率供給貨幣成長，泰勒教授也是法則主義者，泰勒法則的內容就是給予經濟成長率和通膨率一定權重後調整利率[14]，這個模型目前被全世界央行採納為貨幣政策的基本模型，美國經濟巨擘艾倫‧葛林斯潘 Alan Greenspan 也依循泰勒法則調整政策利率，市場參與者們也能依此法則預測未來基準利率。問題是現在的經濟體系發生結構性變化，以致無法用現有的理論去解釋，出現景氣雖恢復卻沒有出現相同程度通膨壓力的奇怪現象，陷入無法依法則供給貨幣量去刺激實體經濟的窘境，巨大的流動性陷阱已同時壟罩各國。對於深信自己總有一天會成為美國

---

14 更精確來説，將 GDP Gap 與通膨 Gap 乘上一定的政策反應係數加權值，所計算出的調整執加計均衡實質利率得出結果。

聯準會主席的泰勒來說，撞上市場結構變化的不幸，再加上擁有聯準會主席提名權的川普總統所做的選擇（比起法則主義者，他是位更重視感覺的人），最後聯準會主席的寶座回到傑洛姆・鮑爾 Jerome Powell 身上。

全球經濟結構上的變化讓現代貨幣論 Modern Monetary Theory, MMT 備受關注，MMT 因對紙鈔學派 Chartalism 賦予新的解釋，又被稱為新紙鈔學派 Neo-Chartalism，紙鈔學派始於 1995 年，當時黃金等實體貨幣仍主導著貨幣理論。德國經濟學家喬治・弗里德里希・克納普 Georg Friedrich Knapp 的著作《貨幣國定論 Staatliche Theorie des Geldes》讓英鎊在 1905 年以黃金為主軸的世界中樹立法定貨幣 Fiat money 的概念，並以此確立貨幣價值不在貨幣本身原料的價值[15]，而是因國家賦予的強制通用力，是名目主義論的基礎。名目主義的根據在自由主義主流經濟學中也可找到蛛絲馬跡，亞當・史密斯曾在《國富論》中提及：「王子藉由強制讓稅金中的一定比例用特定種類的紙幣支付，就可賦予該紙幣一定的價值，該紙幣的廢除或贖回，完全繫於王子的意志。」MMT 說明因政府獨攬貨幣權，納稅與儲蓄所需的金融資產，政府並不會充分供給，所以會發生失業，因此主張政府為達到充分就業，必須推行財政政策。為了支應財政政策，需要發行新的錢，而此舉導致的通膨現象，可透過加稅與發行國債，回收供給的過多金錢流動性來解決。簡而言之，主

---

15 金幣、銅錢等。

張的是放棄均衡財政，持續實行扶植景氣的赤字財政，美國民主黨或華爾街也興起步調一致的氛圍。主流經濟學界批評廣發大量貨幣將導致物價快速上漲，但全球經濟靠著各國政府的財政政策得以支撐下來早已成為事實，即使如此，也並未發生通膨。

　　這與 1929 年世界大蕭條時凱因斯 John Maynard Keynes 的有效需求爭議有著相當類似的層面，當時世界大蕭條是從不動產市場與股市的崩潰開始的，也就是說，家庭所保有的資產在一夕間淪落為廢紙，家庭轉為弱勢，其消費需求就會快速萎縮，換句話說，這是一場並非由供給所致，而是需求先崩壞所產生的經濟危機。此時，凱因斯提出有效需求理論，也就是為了擴張家庭消費能力，採取更強而有力的財政政策，這招致當時主流經濟學者們的批判，認為這會導致長期性的物價上漲，面對提倡供給主義的主流經濟學者的反對聲浪，凱因斯回應那句他的至理名言：「從長期來看的話，我們都會死。」[16] 對凱因斯主張感同身受的各國政府開始推動強力的財政政策，美國也有第三十二任總統富蘭克林 D. 羅斯福 Franklin Delano Roosevelt 推出新政 New Deal。在經濟史上，凱因斯的有效需求理論的意義在於，透過提倡政府積極介入，首次讓自由經濟主義產生改變，換句話說，政府積極介入市場的大型政府時代被揭開序幕。

　　這樣的大型政府時代無法走太長久，世界大蕭條後經過四十

---

16 In the long run, we are all dead.

多年來到 1973 年，第一次石油危機 Oil Shock 發生了。第一次石油危機指的是 1973 年 10 月 6 日阿拉伯與以色列的中東戰爭，後來擴大成石油戰爭，導致第二次世界大戰以後經濟陷入最嚴重蕭條的事件。從 1971 年起 OPEC 持續推動調漲原油價格，藉著中東戰爭的契機，在 1974 年 10 月 16 日在 OPEC 會議上宣布，將原油價格從每桶 3.02 美元調漲 17% 到 3.65 美元，此外，於 17 日公布，在以色列自阿拉伯占領地區撤退，並恢復巴勒斯坦人權利前，每個月原油生產量將較前月減產 5%，將石油當作政治的武器。因此西方國家對能源危機意識升到高點，油價飆漲到每桶 5 美元，不僅如此，1974 年 1 月 1 日 OPEC 再次將原油價格從每桶 5.119 美元迅速調升至 11.651 美元，不過才三個月的期間，國際油價從每桶 3.02 美元飆漲近四倍。

因原油短缺與價格上漲讓全球景氣立刻下跌，還出現景氣下跌同時發生通貨膨脹的這種前所未聞現象。由景氣停滯 stagnation 與通貨膨脹 inflation 結合的新字，停滯性通貨膨脹 stagflation 首次登場。第一次石油危機就像是所有經濟危機一樣，在各個方面來說，讓既有模式被改變，是具有歷史意義的經濟危機。以經濟上來看，它出現停滯性通貨膨脹這種新型態，促使當時國際石油巨頭把一直以來掌控的原油價格決定權交給 OPEC。政治經濟學上來看，資源民主主義興起，親以色列的中東政策勢微，親阿拉伯的中東政策開始興起。以經濟危機的觀點將範圍縮小來看的話，第一次石油危機是供給出現問題的經濟危機，凱因斯有效需求理論的原

理是補強需求，因此停滯性通貨膨脹是一場用凱因斯主張也無法解決的經濟危機。

　　佛里德里希‧海耶克 Friedrich August von Hayek, 1899-1992 在 1974 年獲得諾貝爾經濟學獎，這個功勞應該歸給 OPEC，在此之前重視有效需求的凱因斯學派是經濟學界的主流，但是伴隨第一次石油危機出現的停滯性通貨膨脹，把已經被塵封的自由主義經濟再次召喚回來，身為奧地利學派的泰斗，海耶克能夠獲得諾貝爾獎跟這股時代潮流並非無關。1930 年代海耶克前往英國，就當時的經濟危機原因與克服方法與凱因斯爆發了著名的經濟論戰，海耶克主張市場決定價格的自由市場調節，而凱因斯則擁護透過政府介入進行人為調節，當時的論戰中，世界接受凱因斯的理論，轉換為改良式資本主義牽起凱因斯的手。被稱為自由主義擁護者、貨幣主義之父的海耶克，在 1950 年前往芝加哥大學，與米爾頓‧傅利曼 Milton Friedman 一起建立新自由主義的芝加哥學派，海耶克強調，在分散的市場中，市場參與者是最清楚市場資訊的，因此中央政府介入市場的任何行為，最終不免會造成扭曲市場的現象，他反對「讓自由秩序的市場經濟，轉為與計畫經濟無異的人工秩序」的一切政治意圖社會主義、建構主義。不意外地，全球經濟轉而沉浸在新自由主義的新潮流中，雷根政府連微小的政策，都可看出新自由主義的痕跡。到了 1990 年代，全球經濟產生全球性的新自由主義現象，在貿易與資本交易前，國界消失了，韓國也在經歷外匯危機後，必須讓資本市場完全對外開放。當然，在 1970 年

代奠定化學重工業化基礎的韓國，隨著 1980 年代正式搭上新自由主義的潮流，在出口市場步步高升，打下日後成為人均生產力 3 萬美元的開發國家的基礎，這也是無法否認的事實。

世界上沒有永遠不變的真理，2008 年次貸危機讓諾貝爾獎的光環轉而戴到保羅‧克魯曼 Paul Robin Krugman 頭上。雖然保羅‧克魯曼與勞倫斯‧薩默斯 Lawrence Summers、傑佛瑞‧薩克斯 Jeffrey Sachs 被稱為美國三大天才，但他是位不被主流所接受的學者，不僅非主流，甚至是到被視為異端分子的程度。這三大天才在 2011 年歐洲財政危機爆發同時，一致高喊著長期停滯 secular stagnation，保羅‧克魯曼主張即使會引發通貨膨脹也要刺激消費，但傑佛瑞‧薩克斯則主張要透過政府對能源、生態建設、健康、教育等公共事業長期投資。兩者對長期停滯的處方籤多少有些不同，但對擴大政府角色與刺激有效需求卻是異口同聲，這是因為次貸危機與過去大蕭條時期一樣，是因需求方面崩潰而產生的危機，這次則讓被塵封的凱因斯又被呼喚回來了。而且實際上長期停滯也持續，次貸危機與歐洲財政危機後，全球經濟仰賴著政府的財政政策才活了下來，若非各國政府的赤字財政，很有可能就會進入通貨緊縮，MMT 是最能符合這種經濟情況的貨幣理論，凱因斯的有效需求理論與現代貨幣論，起源雖然不盡相同，但同樣是經濟危機的解藥。

讓我們再次回到新常態的話題，這裡必須關注長期停滯與MMT 這兩個詞，全球經濟為何突然陷入長期停滯，在這結果下，

為何 MMT 這個貨幣政策會是被認為最有效的政策方法呢？這其實是因為次貸危機是一個全球性的家庭負債危機，是一個不論是區域或強度面來說，都是特大等級的經濟危機，全球一致出現大幅的負成長率，共同陷入停滯。這樣高強度的全球經濟危機發生的根本原因，可在新自由主義中找到解答。第一、二次石油危機後抬頭的新自由主義，將全世界網成一個經濟體，商品與資本移動的邊界消失，而且這個效果進到 1990 年代後，就成為讓全球經濟朝著同一方向移動的原因。在 1990 年前後，美國經歷了因儲貸協會而起的不動產與金融複合性經濟危機，全球經濟才開始出現連成一個經濟圈的傾向。在那之前，全球經濟中先進國家與新興國家的景氣循環是完全不同方向，先進國家陷入停滯時，新興國家經濟成長，反之亦然，以此中和景氣停滯帶來的影響，因此呈現景氣再怎麼差都不會太差，再怎麼好也不會過熱的穩定狀態。

　　但是到 1990 年代中期，全球經濟開始朝向同個方向移動，1990 年代的新經濟 New Economy 首次出現，IT 產業引領的經濟改革與中國向全球輸出低薪勞工，帶動全球經濟的成長，但突然又遭逢新興國家外匯危機，而出現讓全球經濟共同下跌的現象。在成長趨勢與經濟危機反覆更迭後，加速全球經濟成為一體，漸漸成為「好的時候過熱，壞的時候危機」的一個公式。這意味著只要面臨一次經濟危機，想從中恢復就必須花上更長的時間。衝擊大、持續期間也長的話，利率政策的空間就不大，就會變成零利率時代。隨著利率政策調節景氣的功能走弱後，貨幣政策重心就轉到

量化寬鬆上，供給主義貨幣政策無法直接刺激有效需求，其本身的偏限導致財政擴張，而零利率的時代就是我們要面對的新常態。

全球經濟成長率趨勢

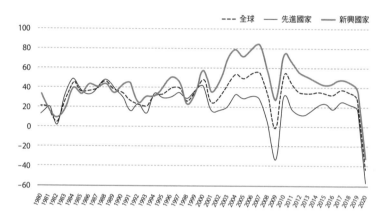

資料：IMF

又是另一個新常態：零工經濟

人們到現在還無法真的理解「第四次工業革命」是什麼，1700 年代初期工業革命首次展開時，當時的人們也不知道它真正的意義。新工廠的煙囪取代農場原有位置；農夫們丟掉手中的鐵犁改拿鐵鎚與板手，化身為工廠勞工；鄉下村莊成長為工業城市；馬車取代馬匹，噴發出蒸氣的火車登場。威廉‧布萊克在他的長篇敘事詩《Milton: A Poem in Two Books1811》的序言中，以短篇詩作將此現象稱為「惡魔的磨坊」，威廉‧布萊克看到的黑暗撒旦

磨坊 Dark Satanic Mills，推估是位於倫敦的泰德美術館 Tate Modern 與泰晤士河的黑衣修士橋 Blackfriars Bridge 中間某處的奧爾濱磨坊 The Albion Flour Mills。奧爾濱磨坊配置以蒸汽為動力的最新技術磨坊機器，不分日夜研磨小麥，這個以蒸汽動力的磨坊，對當時在倫敦東南部的風力或水力磨坊老闆來說是個恐怖的對象，這間工廠啟動後，短短五年就被大火吞噬，當時的火焰直衝雲霄，還有人看到地方磨坊業者們在黑衣修士橋紛紛起舞的場景，頗有被縱火的嫌疑。威廉・布萊克的詩句「黑暗撒旦磨坊」出現後，唯物論者就用它來表示工業革命。

　　自由主義者們不曾確實理解過工業革命，馬爾薩斯 Thomas R. Malthus 在他有名的著作《人口論 An Essay on the Principle of Population, 1798》中，就談及勞動市場。他指出若調漲薪資，會因豐富的食物消費力導致人口增加，增加的人口進到勞動市場的同時，又因勞動供給增加造成薪資下跌，這又導致糧食再度不足，使得人口減少與勞動供給不足，接著便驅使薪資上漲。特別是以糧食供給遞減來看，糧食是以數學級數增加，但人口卻以幾何級數增加，因此他主張實質薪資不得超過最低生存所需的水準。以現在的基準來看，他的主張是完全錯誤的，由此證明，自由主義者們並沒有確實理解過當時的新現象。歐洲、美國、韓國、中國等快速工業化的國家，經歷過同樣的農村瓦解與農民湧入城市，勞動力源源不絕湧入城市，是壓制實質薪資上漲的原因，這是大家都知道的事實。直到卡爾・馬克思 Karl Heinrich Marx 出現，人們才開始理解因農村瓦

解造成源源不絕的勞動力才是原因，但馬克思很明顯地並沒有正確理解這點，因為他不斷地持續主張應該要瓦解農村。相較之下，英國經濟學家亞瑟・劉易斯 William Arthur Lewis, 1915-1991 更能正確解釋造成勞動力湧入城市是因農村瓦解。劉易斯透過理論證明工業化進展到某種程度的局面時，就不會再繼續發生都市化，這時會因勞動力不足造成實質薪資上漲，因此所形成的高成本／低效率結構，會出現成長緩慢現象。他的成就讓他成為 1979 年諾貝爾經濟學獎得獎人，像這樣農村瓦解後到流入城市的勞動力開始短缺的時間點，稱為「劉易斯轉折點」。

至少我們現在可以理解的是工作正朝向碎片化這一點，在第四次工業革命下迎來的零接觸時代被創造出來的零工 gig 工作，就只是造成碎片化且不穩定、附加價值低的工作而已。為什麼會這樣呢？過去數百萬年以來，世界雖改變，但人類的大腦卻沒什麼改變，人類的腦中只由生存與繁殖這兩種所組成，人類在過去數百萬年以來發明出許多耀眼的科學技術，因此會產生人類的大腦好像大幅進化的錯覺，但是實際上仍然只停留在生存和繁殖上而已。應該要思考一下那些符合這兩項組成的人，他們的行為模式是如何，所有行為都能歸結到經濟效益，所有人們的行為都是經濟性的選擇，從表面看起來像是不合理的行動，但若仔細推敲的話，都是可立基於經濟性的合理選擇，而且那個合理選擇的目的就是生存與繁殖。舉例來說，壁虎在生命遭受威脅的緊急狀況時會斷尾求生，讓獵食者滿足於牠的尾巴，趁機撿回一條命，比起

失去性命，失去一條尾巴來得更有經濟性，而且尾巴很快就能重新長出來。那麼人類為什麼會進化為手斷掉之後不能重新長出來的樣子呢？這同樣也是因為經濟性。因為像人一樣的高等動物，與其讓斷掉的手重新長出來，生下新生命更能節省成本。拋棄斷手的人，將期待放在新生命身上，從經濟性來看更有利。媽媽或爸爸拋下自己的性命守護孩子，也是相同的理由，通常自己的生命會比繁殖更重要，但是子女就不同，這是因為比起自己活下來再另外創造新生命，倒不如自己先去死讓孩子活下來，在經濟性上更有利，也因此才會做那樣的選擇，當然透過孩子的軀體也能留下部分的自己，這也是事實。

結果就是人們的所有選擇都基於經濟性，只要在經濟性上出現更有效率的方案，就會拋棄現有方案選擇新的方案。零接觸就是有效率的方案，當然也無法完全放棄實際接觸，因為仍無法擺脫現實世界的限制。但所有可以做到的，都將變成零接觸，且零接觸必然與人工智慧和機器人連結，將會成長為人工智慧與機器人產業。未來某個時期，甚至搞不好會變成人工智慧與機器人能自行進化的世界，這依然是經濟性的合理選擇，因為若機器人能代替人類做事的話，那相應的能量就會變得有效率。問題是它們越發達，人類的工作就會變得越少，從工廠穩定的生產職工作，到高所得專業職工作，不論是哪一種，工作都會飛快減少，因此現在正迎向只能擁有職業、而非職場的世界，就是零工經濟 Gig Economy。零工經濟指的是因時代快速變化，非正職之自由工作者

型態的工作正在擴散的現象。「零工」這個詞，在 1920 年代美國爵士樂越來越受歡迎時，爵士音樂家的短期特約邀請增加，短期特約音樂家被稱為「Gig」，之後隨著這個意思被延伸使用，變成可以表示為相較於正職，每當有需求時再雇用的臨時工作，這樣的經濟就被稱為零工經濟。剛開始零工原本指自由工作者或一人業者，但最近用來統稱依需求者要求可隨時因應的隨選 on demand 工作，麥肯錫顧問公司則定義為「數位市場中可交易的期間制的勞動」，賦予更廣的意義。

零工經濟工作的優點是，能在勞工想要的時間做想做的程度，但是在這麼好的包裝背後，存在著低薪、就業不穩定的致命弱點。景氣變好工作越多是沒錯，但勞動供給也會一起增加，所以就不會帶來所得增加；另一方面景氣變差的話，馬上會發生零工經濟工作大量解雇的現象。美國失業率在次貸危機前超過 5%，意味著不管景氣再怎麼好也不會掉到 5% 以下，在經濟學中，認為這個失業率是充分就業的失業率，但是之後美國經濟超過十年持續繁榮狀態，終於在 2019 年，失業率下降到 3% 以下的現象出現了，創造出更多工作機會的同時，會讓充分就業的失業率降低的說法開始出現，即使失業率降到充分就業失業率，也未發生嚴重的通貨膨脹，當然正式的升息就無法隨之出現，我們也在經歷疫情的過程中，看到了就業的原貌。

IT 零接觸產業發展的特點是什麼呢？就業層面上不得不提兩個特點。第一，全部產業工作均減少，特別是製造業的工作減少，

這樣的現象未來也會不得不持續，理由很簡單，因為已進入不會再有新的製造業發明出現的世界。過去數十年期間我們看到的新製造產品只有 iPhone 這一個而已，但是 iPhone 並非是從未有過的嶄新發明，它僅是代替了原有的電話而已。義大利人安東尼奧·穆齊 Antonio Meucci 發明電話，亞歷山大·格拉漢姆·貝爾 Alexander Graham Bell 將其商用化當時，電話是之前從沒有過的商品，因此電話工廠就創造出全新的工作機會，但 iPhone 卻讓原有的手機工廠、MP3 播放器工廠，甚至數位相機工廠的工作機會都沒了，iPhone 工廠的工作機會僅能替代原有工廠工作機會的一部分數量而已。尤其因第四次工業革命，原本製造業屬於工作機會最穩定的中心角色，它的工作機會也隨著時間經過正在減少中，這是像韓國一樣，產業發展一直以製造業為主的國家們無可避免的宿命。第二，服務業的破壞來襲。服務業在傳統上是產生最多雇用機會的產業，雖然是低附加價值的工作，但也有很多高附加價值的工作。IT 零接觸社會讓服務業的工作碎片化，這就是導致零工經濟的元兇，任何工作都不穩定，由此來看，在疫情時期服務業的工作受到最大的衝擊，光看韓國服務業工作機會減少就已十分明顯。這種現象從經濟整體觀點來看，未來原本能撐起整體經濟、可靠的製造業工作機會漸漸消失，面對經濟危機時較弱勢的服務業，碎片工作機會增加。另外，這種工作的特徵在於，它們大多是購買力不強的低附加價值工作，這樣的零工經濟工作機會，在景氣恢復時會成為阻礙快速升息的原因。可以支撐購買力的高附加價值工作

機會必須增加，景氣恢復的速度才會變快，因此才能促進通貨膨脹並推動升息，若處在無法刺激通貨膨脹的就業與景氣下，就不免出現長期的低利率，這就是次貸危機後，全球經濟新出現的工作機會的真實原貌。

韓國工作數增減（與去年同月相比）

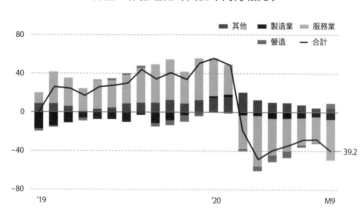

資料：韓國統計廳

泡沫就是新常態

　　一個方向指著泡沫，另一個方向靠向低利率的新價格區間，如果是聰明投資人，遇到這種狀況必須要正確判斷，因為只有正確判斷局勢才能面對未來。各種不動產相關的分析都提到不動產市場的大型泡沫，這是 2000 年代後從未經歷過的大型泡沫，在這種泡沫的基礎上，有著 2000 年代全球經濟的新常態。2000 年代

全球經濟並非我們所知道的經濟，2000 年代以後全球經濟立基於兩種新的動力原理，那就是全球經濟同步化與零工經濟。

1980 年代開始的新自由主義全球化，進到 2000 年代後正式啟動，全世界資本市場與商品市場被綑綁在一起，全球經濟不但成為一體也同步了，因為全球所有經濟同時朝著同個方向移動，景氣好就錦上添花，壞的時候就雪上加霜。換言之，交易泡沫與重複大蕭條等級的停滯會不斷發生。這樣的現象從 1990 年代起就發生，但是真的浮出檯面是 2000 年代後。從 1990 年代末期的外匯危機開始，到 2000 年上半年的 .com 泡沫、次貸危機、歐洲財政危機以及 Covid-19 疫情，不管是經濟內部因素還是外部因素，全球經濟一下子暴跌，在之前已開發國家不好時，開發中國家躍進；開發中國家不好時，就會有已開發國家來引導，這種能讓成長與停滯強度中和的狀況已不復見。現在則是同時變好或同時變壞，導致成長與停滯的強度更強，如此一來，正常的景氣循環就會以泡沫與恐慌的樣貌出現。這個道理在資產市場也是一樣的，在股價上升期，指數跳升兩倍、三倍，而在下降期直接砍半，飆漲與暴跌不斷重複發生，不僅出現在股市，不動產市場也是全球不動產市場一下子朝著同方向移動，不僅如此價格變動幅度也以無法想像的速度增加。

零工經濟對擴大資產市場變動幅度起了作用，原理如下：因為景氣變好，就業增加，失業率下降，達成充分就業的狀態，這時如果是 1990 年代以前的傳統經濟狀況的話，快速升息就應隨

之而來，以美國為準，應該要看能到過去的 5% 基準利率才對；但 2000 年代零工經濟卻無法推動升息的速度，經濟毫無疑問地成長，工作機會增加，但增加的工作機會中，只增加了低薪資、不完整且碎片化的工作機會。第四次工業革命人工智慧進化的同時，高薪正職工作被人工智慧與機器取代，對人們來說，只剩下像 Uber 司機這樣低薪、時間制的工作。如此一來，就不能使用傳統的貨幣政策，快速升息在一開始就是不可能的，經濟對財政政策依賴程度隨著時間越來越深，開啟現代貨幣理論的世界，利率政策無用論抬頭，政府必須靠著發債才能讓景氣上升，這讓許多貨幣主義者感到十分痛苦。央行不得不維持低利率狀態，只要稍微升息景氣就變差，就必須馬上調回零利率，只能進行量化寬鬆，透過政府政策的動員，來扶植景氣的這點也成為常態。市場上的金錢流動性總是過多，它們找不到去處，在資產市場上像幽靈般地遊蕩，只要稍微露出小小的縫隙，就會變成泡沫，雖然可以看到符合低利時代的資產價格調整，但卻是所得或 GDP 無法接納的資產價格，再怎麼重新調整，如果是連存十年薪水都無法買下房子的話，那就不是能撐起的價格了。

在往後的世界，資產泡沫是新常態，不僅是不動產市場，股市也是一樣的。所有資產市場將會重複出現大型泡沫與大幅暴跌，因此經濟也會不斷出現泡沫與大蕭條，而我們已經正看到這種現象了。2000 年代所有景氣循環不約而同都歸結到全球性的暴跌，我們現在正在經歷著過去無法想像、新型態的資產市場，這種現

象至少還會持續數十年，在全球經濟改變為全新的模式前，這是躲不掉的命運。如同為了因應第二波浪潮，即工業革命，人們研究出資本主義與社會主義，那麼在發展出新的系統以支撐第三波的知識革命與名為第四次工業革命的新形態經濟前，這樣的現象將會繼續下去。前言中提到的自相矛盾狀況現在才有了解釋，為什麼這波上漲趨勢中，出現脫離 40% 經驗法則的不動產價格，以及為什麼股市會直接突破 3,000 點大關，現在可以理解了。

　　全球經濟，還有資產市場是重複著大型泡沫與大幅暴跌的雲霄飛車，各位正搭乘這輛雲霄飛車，而且就算各位不願意也無法下車。現在雲霄飛車才剛開始啟動而已，未來將會有更大幅的飆漲與更大幅的暴跌等待著各位，只有順著雲霄飛車搭上這股浪潮的人才會成功，無法跟上的人就會變成窮光蛋。

第 **3** 章

三重泡沫的崩潰

不會崩潰的泡沫

　　慢性低利率的世界來了，這是個景氣就算變好，也難以加快升息速度的世界。在低利率的世界，資產價格需要被重新評價，在同樣的收益下，利率水準變低的話，資產價值會提高的這件事無須再多做說明，在利率 10% 的世界中，能創造每年 1 千萬收益的資產之價值僅為 1 億而已，但當利率降低到 1% 時，能創造一千萬收益的資產價值就會變成 10 億。無論不動產或股票都是相同道理，正確來說其實不是資產價值真的上升，這個資產本身的價值依然為每年能創造 1 千萬收益這點沒有變，只是它的交易乘數從 10 倍變成 100 倍而已。不動產市場雖看的到泡沫的跡象，但越來越難斷言它是否會破掉。像家庭負債比率或總負債本利金償還比率這樣的指標，要在利率變高時才會成為問題，負債比率再高、借款再多，利率若為零的話，對家庭來說就不會有太大負擔，要還本金的話，只要在要處分房產時償還即可。要有支付利息的壓力，才會有必須透過處分不動產趕快償還本金的壓力在，在利息負擔佔所得比重很小的狀態下，就不會產生要處分不動產的誘因。經濟危機也是同樣的狀況，當景氣危機來臨，陷入看不清眼前的狀況，會拋售不動產嗎？拋售物件會因兩個原因開始出現，第一是需要大筆錢急用的時候，需要賣房才能籌齊，預測到不遠的未來會發生急需大筆現金的時候，市場陷入不確定時，就會出現拋售潮。另一個就是因利率升高，難以負擔利息支付的時候。

美國的次級抵押貸款債券成為不良債權的原因就在於此。次級，也就是向信用不良者提供大量抵押貸款，把次級抵押貸款利用名為 CDS Credit Default Swap 的信用補強機制，讓它搖身一變成為優良等級債券流通在金融市場上。貸款當時的聯準利率是較低的狀態，對次級信用者沒有支付利息的負擔，問題是在聯準會快速升息過程中，他們的滯納率也因此上升，CDS Premium[17]快速升高，讓次級抵押貸款成為不良債權，隨後開始出現對次級抵押貸款的基礎資產，也就是不動產的大量扣押 foreclosure，這些抵押品全都流到不動產市場待出售，讓不動產價格下跌，造成更多因擔保價值不足被扣押，而向市場拋售的惡性循環持續不斷，不動產市場就崩潰了。那麼這次 Covid-19 疫情下，為什麼沒有發生一樣的現象呢？首先次級抵押貸款跟以前相比變少是第一個原因，沒有會犯第二次相同錯誤的傻瓜，尤其金融市場更是如此。第二個是川普政府宣布貸款暫緩還款措施，對這個暫時性的重大難關，快速採取及時因應措施。最後則是零利率，聯準會快速降息，向市場供應流動性。因疫情失去工作的人們，因貸款暫緩還款措施，產生不用賣房也能撐下去的空間，且收入銳減的人們要支付的利息負擔也降低。尤其，聯準會向市場釋出貨幣的同時，資金也湧向房市與股市，讓這些市場輕鬆地就能從暫時性的衝擊中逃離。韓國也出現一樣的現象，疫情開始一陣子的 2020 年 3 月，股市曾出現

---

17 CDS 有四個評價因素，其中 Premium 為權利金利率。

跌至 1,439 點的反應，從股市的性質來看這是理所當然的，但不動產市場完全沒有反應，因為低利率提供豐富流動性，在任何時候都可以出售的情況下，就沒有理由會有需要拋售的物件。現在 Covid-19 經濟危機快要結束，至少大家都認知到這只是暫時性的難關，市場最討厭的不確定性消失，從無法預測的不確定性，轉變為可以預測的風險，這也反映到價格上了。現在這個時間點，疫情轉變為風險，對市場價格的作用也結束，之後就只剩下經濟恢復而已。疫苗接種也開始了，人們開始回歸正常生活，即將開始進入景氣恢復的局面。在漸漸轉好的經濟中，就更不會有不動產拋售，拋售不動產所造成其他的不動產被拋售的情境離我們更遠了。那麼結論就只有一個，這是不會崩潰的泡沫。

　　現在只剩一件事需要關注，現在的泡沫狀態會持續到何時，以及以後還會再更高嗎？要預測未來是很難的，誰都無法有自信地預測未來，如果只是想知道未來的話，那建議現在就可以把這本書丟到垃圾桶，去找算命老師，當然算命老師也無法得知未來，他們只是聲稱自己知道而已，如果可以看到未來的話，那這個世界就不會有算命老師這樣的職業，因為算命老師全都能中數百億元的樂透，那也就不需要再當算命老師了。我們都只是去做合理的預測而已，不管合理預測或是算命老師，似乎都不能保證未來，所以隨機漫步理論 random walk 就產生了，依照隨機漫步理論，最好的分析師經過分析選出的個股或抽籤選出的個股，收益率沒有太大的差別。但是我們也不能完全不預測就進行經濟活動，所以以

現有資訊為基礎，來進行最合理的預測的話，至少到 2021 年為止不動產市場不會崩潰，預估美國聯準會也還不會進行升息，因為連 2022 年也很難正式開始升息。原因是在實體景氣恢復的狀況下，稍微出點差錯可能就會導致二度蕭條。聯準會正式開始升息最有可能會落在 2023 年，這可在聯邦公開市場委員會定期會議結果中看出。2020 年 12 月 16 日聯邦公開市場委員會 FOMC 定期會議中，將基準利率凍結在零利率水準 0.00 ～ 0.25%，雖然繼續維持量化寬鬆購債規模，但會議中表示如果景氣恢復過慢，會採取更多寬鬆政策，也提到物價要恢復到 2% 還需要花上一段時間。從聯準會委員們的點陣圖也可看得出來，聯準會委員們對未來利率展望的點陣圖，是所有委員將對利率的展望，在圖上以點狀標記，點陣圖上沒有任何一位委員認為 2021 年有升息的機會，2022 年也只有一人標記升息，從點陣圖來看，至少在 2022 年之前是不會升息的，就算有也很難升息超過 25bp。2023 年部分聯準會委員預估升息，但依舊只有少數五位，另外，其中只有一位委員提到的最高利率為 1.00 ～ 1.25%，剩下四位都分布在 0.50% 上下。更重要的是長期利率點陣的分布，這裡的「長期」指的是自由主義貨幣論者們一直所說的達成充分就業的時期。充分就業利率的點陣分布是在 2.00% ～ 3.00% 的範圍，最多分布的在 2.5%，考量過去二十年聯準會基準利率的高點曾經超過 5% 來看，這只是當時利率高點一半的水準而已。

美國聯準會 2020 年 12 月定期 FOMC 會議點陣圖結果

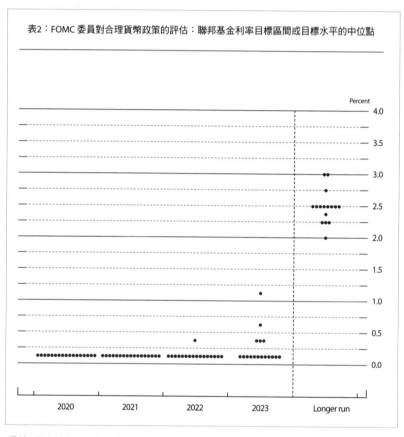

資料：Federal Reserve Board, 2020.12.16

2023年，物價暴漲的三角波來襲

關鍵是通膨壓力，這是因為當高物價成為現實的那一刻起，就正式步入升息的起點，通膨壓力越高，升息速度就越快。觸發

物價上升有三個因素，第一是貨幣量，後面雖會再詳細介紹，但可用貨幣數量論稍做解釋，印鈔會帶動物價上揚，更準確地說就是「移往新的物價區間」。第二是供給層面的供給推動型通貨膨脹 supply push，如同 OPEC 石油危機時原物料價格急漲，其實就是供給物價升高後導致通貨膨脹。最後是需求層面的需求拉動型通貨膨脹 demand pull，對商品的消費增加同時，需求增加，物價當然就上升。以下一個個依序探討。

　　首先是貨幣方面，貨幣方面值得注意的是，現代貨幣理論 MMT 與高壓經濟 high pressure economy 有著共同脈絡，因 MMT 前面已經說明過，讓我們來談談高壓經濟。高壓經濟意即需求優先於供給，在景氣持續上升，達成投資活絡與充分就業的慢性榮景狀態、消費活絡的同時，總需求的壓力也隨之升高的經濟。高壓經濟是伴隨技術改革或大發明等而來，與工業革命相似的大航海、大發明時代皆可稱為我們最初所知的高壓經濟。接著進入不會再有發明的大躍進現代後，則是透過技術改革與創造新的市場帶來高壓經濟。高壓經濟必然會導致物價上升，一般來說物價上升都不是很好的結局，但是對於像現在一樣屬於消費購買力喪失的時期，則須想盡辦法驅動物價上升。前聯準會主席珍妮特・葉倫首次使用高壓經濟這個字時，旨在表達能容忍景氣過熱。容忍景氣過熱的這段話，坦白說很難想像這會從聯準會主席口中說出，也代表對於現在景氣的判斷與現代貨幣論學者們一脈相通。總需求增加，刺激勞動市場並恢復購買力這件事，在克服經濟危機時比

任何事都還重要。葉倫主席成為美國財政部長，而聯準會對於景氣的立場比起過去任何時期更偏向鴿派，兩方會共同決定拜登政府的經濟政策方向，也就是寬鬆貨幣政策與積極的財政擴張政策，傑洛姆‧鮑爾與珍妮特‧葉倫會共同合作趨升物價，因此寬鬆貨幣政策與擴張型財政政策將會持續到 2022 年，在貨幣方面已做好觸發通膨的準備。

接著來談供給層面的供給推動型通貨膨脹，全球市場正面臨原物料的超級循環期，被稱為產業之米的鐵礦與銅，其價格趨勢從 2020 年底開始呈現飆漲，接近 2011 ～ 2012 年的超級循環期時的最高價，而國際油價雖未達到上次超級循環期的 150 美元，但也持續上漲，正快速恢復到頁岩天然氣開發後 WTI 原油價格區間 50 ～ 70 美元的下端。銅、鐵礦、原油即是如產業之米般的存在，它們的價格之所以朝著歷史新高上漲，不外乎是因為中國，因為帶動上次原物料超級循環期的，就是像黑洞般把國際原物料全都吸進去的中國。這次國際鋼鐵價格如此飆漲的背景，是因為中國大舉進行開發工程，增加這些原物料的進口。中國先起頭扶植景氣後，2021 年美國與歐洲接力下去，到 2021 年下半年，因疫苗施打帶來群體免疫達到某種程度後，經濟活動也將因此恢復正常，想當然原物料需求就會提升，因此 2021 年會是形成原物料超級循環期的一年。原物料價格在高點刺激生產者物價，若考量約六個月的時差才會反應到消費者物價上這點，2020 年底開始上升的原物料價格，在 2021 年下半年會開始轉嫁到消費者物價上。整個

2021 年將維持高價的原物料價格，在 2022 年或之後將持續反映
在消費者物價上，但其強度仍與需求恢復掛勾。

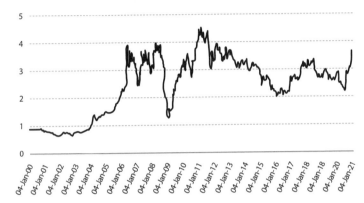

資料：Investing.com

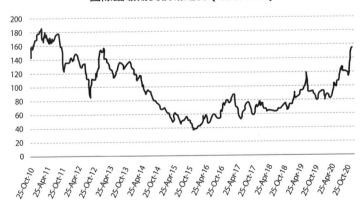

資料：Investing.com

WTI 期貨價格趨勢（US$/ 桶）

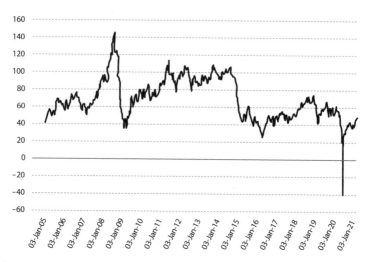

資料：Investing.com

　　最後來看需求層面，最重要的部分是需求，從物價觀點來看，貨幣是組成條件，由供給推動上升的物價如果沒有需求去帶動就無法持續下去，需求的帶動對物價尤為重要。尤其在貨幣、供給以及需求三者合拍時，就會迎來超級循環期，這時我們必須關注 Covid-19 疫苗接種與群體免疫形成的時間點，因為群體免疫形成後人們重啟經濟活動之時，將正式展開需求的帶動。2020 年世界主要先進國家經濟呈現負成長，韓國實質經濟成長率也倒退到 -1%，考量通膨率為 0.5% 的話，名目經濟成長率則為 -0.5% 左右。如果我們反過來看，名目成長率 -0.5% 其實就是經濟在原地踏步持平的程度。有些產業宛如吹著西伯利亞冷風，例如線下需

面對面的產業、自營業、內需產業都垂死掙扎，航空業、旅遊業、批發零售餐飲住宿業、大型百貨公司或超市全部都面臨史上最慘的經濟危機；但若經濟成長率還能持平的話，就表示有與這些產業相反的某些產業，正高聲歌頌著史上最好的盛況。

那些企業就位在 Untact 產業 [18]、大企業、出口業等領域，Covid-19 大流行加速 Untact，開啟電商時代，像 Coupang、Market Kurly、Naver、Kakao 這樣的線上平台業者接連創下史上最高績效，作為它們後盾的半導體業也持續刷新績效紀錄，大企業、出口業大部分都已跨過困難的時期，進入景氣恢復階段，且獲利持續擴大。因此在這些企業的上班族的荷包一點也不空，他們無法開始大肆消費僅是因「保持社交距離」的關係而已，他們的月薪正大把大把地在帳戶上累積，全球各國的家庭負債比率或總負債本利償還的壓力降低的現象正可以反證此事，他們持有的住宅價格或股票價格也正處於史上最強的高評價中，也就是說，他們已經做好隨時出來消費的準備。而觸發他們消費的引爆線就是群體免疫，當群體免疫確定的瞬間，他們就會結束這令人厭煩地獄般的生活，大舉出來活動，出發去之前延期的海外旅行，也會去百貨公司購物；也會添購新衣後順便去高級餐廳享受奢華的晚餐；購置全新的電動車，還會乾脆順便更換家裡的裝潢和家電用品，這個時間點就是在 2022 年。2022 年先進國家的各個家庭在過去 2 年無處

---

18 2020 年韓國新造詞，由 Un+contact 而來，意即非接觸、非面對面。

發洩的欲望將會瞬間爆發，1 年當作 3 年用，把帳戶裡累積的銀彈毫不保留地宣洩出來，想當然地，需求拉動的通膨就會發生。

三角波 pyramid wave 即將來襲，三角波是航海用語，意思是前進方向不同的兩個波浪碰撞後產生的又高又急的波浪，由於水波的方向或形態凌亂，波頂變得極其尖銳，也稱為金字塔波。尤其在颱風時生成的三角波規模巨大，被三角波掃到的話，超大型船隻也多會一分為二。現在在資產市場上足以掀起三角波的條件已趨成熟，在供給面迎來超級循環期、因時間扭曲的需求面也蓄勢待發，2023 年伴隨這兩者的巨大波浪與史上最大的流動性颱風相遇後，就會產生三角波。確切的時機可能提早到 2022 年底或延後到 2024 年初，合理的預測經常會有時間上的差異，但到了 2022 年，面對隨時會來的上鉤拳或直拳，需要先提升防守，要記住，只有提升防守等待適當時機的人才會成為勝利者。

21世紀最糟的泡沫崩潰

2023 年將會是 21 世紀最糟的泡沫崩潰。根本原因在於次貸危機以後，不動產市場未曾經歷過真正的修正，股市的情況也相同。雖然股市看似有因為 Covid-19 疫情修正，然而實際上卻是製造更大的泡沫。因疫情失常 2 年，被壓縮的消費力道在進入 2022 年後會一次解開，讓實體經濟或資產市場大爆發，物價上漲將成為現實。至 2022 年，各國央行不但無法適當地升息，還不斷地供

應市場流動性，將會無法面對暴漲的物價與資產價格，若如此放任下去，勢必會像火山爆發一樣，一發不可收拾。若要開始升息週期，初始應會由一碼 (25bp) 小幅提升，然而在經濟能力衰弱的情況下調整利率，升息一碼應無法穩定市場。至 2022 年底，升息幅度頂多為 50bp，利率水準落在 0.50 ～ 0.75% 之間。在這個利率區間，升息一碼是毫無意義的。雖然升息週期重要，但絕對的利率水準更是意義重大。利率水準在 1% 時，對所有人來說都不是負擔，因為這是歷來家庭負債最低的時候。

聯準會應該會趕快使利率水準回到 3% 以上，若想阻止物價與資產價格暴漲，甚至可能需要 4% 以上的基準利率。聯準會別無選擇，勢必得加快升息速度，而快速地升息往往會先重擊不動產市場。證券市場因沉醉於由熱錢帶來的連日高股價，而忽略了升息所帶來的打擊。最先受到影響的是次級房屋貸款。因利率上升，房屋抵押貸款的違約率也提高，針對無法償還貸款本息的住宅，銀行將會行使取消贖回權 foreclosure。被查封的物件出現在市場上，預料到泡沫即將崩潰的人，將會開始處置持有的不動產。當市場上出現越來越多的待售物件，就會導致房地產價格下跌，而房價下跌又會使更多人拋售，銀行也會加速取消贖回權。不動產市場進入重複的不良循環，陷入大恐慌。

快速升息對股票市場的影響也一樣，先從金融部門開始破產，始因於不動產住宅金融公司的業績惡化，加速拋售股票與贖回基金，企業的業績展望亦轉為不樂觀。因為資產泡沫化，消費

者的購物心理急速地冷卻；家庭消費支出減少，企業開始進行結構調整；許多人開始接到解雇通知，所得銳減後就減少消費；企業的業績更差，更多的人失業；企業展望不佳，股價再次下跌；股價下跌後，導致產生追繳保證金[19]；追繳保證金又再次造成股價下跌……也會產生以上不良循環。金融市場整體陷入恐慌狀態，而這又再次打擊不動產市場，次貸風暴可能會再現，不動產市場上的待售物件量可能會提高到過去每季平均交易量的 3 倍至 5 倍。若加上為了防止價格持續下跌，金融機構尚未放上市場的影子庫存 shadow，待售物件量將會來到平常量的 10 倍。

　　未來的歷史將會紀載，2023 年是繼 1637 年鬱金香泡沫[20]以後最糟的泡沫崩潰。2023 年的泡沫崩潰，是新自由主義的全球化、第四次工業革命與現代貨幣理論合力創造出來的現代經濟怪物。如上一章所述，新自由主義的全球化，將全球經濟週期轉變為連續的泡沫化與崩潰。另外，第四次工業革命所帶來的零工經濟使得工作分散，整體經濟結構變得像玻璃般易碎。利率的上方阻力不強，即使利率有微幅上升，工作機會將無可避免地大幅減少，這樣一來，物價也無法適時反映。

　　一直以來，仰賴量化寬鬆與財政擴大的現代貨幣理論得勢，造成流動性過剩、資產泡沫化。新自由主義的全球化、第四次工

---

19 當融資帳戶中資產淨值部分下降因而低於融資保證金維持比率規定時，券商會要求
　 投資者存入更多資金或賣出更多資產。
20 歷史上最早的泡沫經濟事件，當時鬱金香球根吸引眾人追捧，價格瘋狂飆高。

業革命與現代貨幣理論的組合就像在百慕達三角洲生成的颱風，製造出來的泡沫巨大無比。因為所得無法負擔的不動產價格無法永久；工作不穩定消費也一樣不穩定，使得企業的獲利也變得不堪一擊，股市的價格必定也不會是永久的。這樣的泡沫勢必會崩潰，經濟將無法逃離陷入恐慌的命運。

你只看新聞，而專家看的是機會

最近的主流媒體是 YouTube，已經沒什麼人看報紙了。與不動產、股市相關的 YouTube 節目十分熱門，觀看次數隨便都能達到 10 萬以上，而運氣好的，甚至可以達到 100 ～ 200 萬。YouTube 的節目內容品質絕對不輸報紙，而且資訊多半比報紙更新、更正確。由各領域的專家親自上線，傳授最新的專業知識，比起報紙，往往內容更加豐富優良。一般來說記者的專業度比不上專家，且受限與報紙的篇幅，內容的深度與廣度多半也不足。YouTube 的優點是，讀者可以主動研究一般記者的報導無法涵蓋的領域，這樣的現象，也像是個不再有專家的世界。近來的讀者，對不動產及股市的見解，都可媲美甚至超越專家，不小心說錯一句話就會很丟臉。那為何不動產或股市相關的 YouTube 影片還是可以達到很高的觀看數呢？或許是因為，資產的多寡與自己的未來息息相關。

對民眾來說，不動產的意義較股市更重大。不動產是實際所

需的住宅，也是最大的一筆資產。因此，不管是買或賣都會十分地小心翼翼，買賣前一定會蒐集很多相關資訊，而且就算蒐集了很多分析資料，一般人也無法輕易地下決定。每個專家的主張和預測各成一派，讀者要如何挑選資訊並建立屬於自己的預測仍是難題。不動產與股市雖然都屬於資產，但屬性完全不一樣，因此對應的方法也應有所不同。最困難且大部分人做不到的，正是預測趨勢與尋找對應方法，不只是蒐集資訊更要抓住機會。

　　如何從大量的新聞與資訊中抓到機會，是專家的領域，因為必須了解不動產與股市的不同究竟在何處。現在讓我們來談談，該從什麼角度來看不動產。以不動產來說，賣出的時機比買入更難掌握。關於股市買賣有句話是這麼說的：「在膝蓋時買進，在肩膀時賣出」，這句話的意思是，選在股價觸底反彈時買進，在股價達高點回檔時賣出。那這個概念也適用於不動產嗎？絕對不是。不同種類的不動產如公寓、商業住宅等等，有不同的操作方式，一般來說，不動產在價格下跌時買進，價格上升時賣出是基本原則。原因在於，不動產在行情開始下跌時，交易量會大幅減少。這個概念就像是股市中的漲停鎖死、跌停鎖死，一開盤就漲停直到收盤，或是跌停直到收盤，根本無法交易。回到不動產泡沫的狀況，若是泡沫崩潰，買進潮就會消失；在價格上升期間，也不會有賣出潮。所以，沒有買進潮時賣不出去；沒有賣出潮時買不了。房價上漲時若想買房子，屋主多半會回絕或是再提高價格；相反地在行情暴跌時，沒有人要買房子，連一隻螞蟻都不來

光顧。我沒有要解釋如何抓住不動產買進或賣出的時機,所以就談到這裡,在這一章裡,我們只談談何時是賣出的時機。

在預測不動產市場時,經濟學理論之一的蛛網理論 cobweb theory 十分適用。前面章節所提到的蜂巢週期模型,正是蛛網理論的變型,也可以說是不動產市場的 7 年週期理論具說服力的原因,它代表需求與供給出現時差的週期。為了讓大家更容易理解,我用例子說明。假設目前住宅的需求大增,但住宅並不像電子產品一樣可以馬上提升生產量,供給要能滿足增加的需求,需經過土地取得、出售至建造,這段時間約需 7 年。即使最近速度加快了,仍需要不少時間。有購屋需求的人最後只能去購買老公寓,因此老公寓的價格就會上漲,而當價格上漲時,會有更多的老公寓拋售,可是市場的供需最終會調整到平衡狀態,即使供給增加了,購屋需求卻因為已經購買了老公寓而減少了,而這要花上幾年的時間,在這之間,新公寓建造完成,也開始有人入住了。供給突然增加價格當然會跌,若早知道幾年後房價會大跌,就不可能在現在買房。然而,未來是難以預料的,因為沒有人知道,何時會供給過剩、價格會跌多少。近期需要買房子的人或許可以等上 1、2 年,要等 7 年的話不太可能。若決定等 1、2 年,到那時價格仍持續上漲的話,就很難為了,所以只好假設走勢會持續向上來決定購買與否,這樣一來房價更是齊頭式上漲。若與旁邊的社區、鄰近地區相較之下,我想買的公寓價格比較便宜的話就買,比較貴的話就不買,這樣一來,就出現了齊頭式上漲。所謂的齊頭式

上漲，是指連原本便宜的公寓價格都上漲的現象。用這樣的想法來做買賣大多都會是失敗的決定。雖然也有好的例子，舉例來說，當不動產價格進入上升週期，江南的房價開始上漲時，考慮到可能會發生的齊頭式上漲，買入相對便宜的江北公寓會是比較好的。然而在價格大漲的時期，從齊頭式上漲的角度來看，是絕對不應該買公寓的，不能因為看到想買的公寓附近上漲了 5,000 萬韓元、1 億韓元心理一急就決定買了。這麼判斷可能會讓你買在最高點。在不動產市場上，1 億韓元不算什麼，買進之後上漲了 1 億韓元，不是什麼值得高興的事情，因為下跌的時候，一次的跌幅可能就是幾億元。因此，不要因為看到上漲了 1、2 億元，就決定購買不動產。

　　再回來談談現在的不動產市場。如前面所說，現在的不動產市場已經是巨大的泡沫，但預測目前泡沫不會崩潰。判斷已經泡沫的基準，在於各種不動產相關指標。現在的不動產價格，已經超過所得能夠負荷的程度，價格高到要買得起難如登天。過剩的金錢流動性支撐市場推高價格，然而價格是有上限的，那就是購買人的購買能力。父母能幫忙的能力有限，銀行放款也是以所得為基準來決定，而且目前的第一金融圈（銀行）暫停放款。如果公寓門上貼著第二金融圈（銀行以外的金融機構）的放款廣告──「可貸至市價 100%」的話，那就代表買房無望了，因為想透過第二金融圈的高利率貸款來買公寓是不可能的。若是要以高利率貸款來短期投資買低賣高賺差額是有可能，但是大部分的獲利

會被徵收利得稅，因此也不容易賺錢。不動產價格還是必須參考購買力，對我來說巨大的一筆錢，對別人來說也一樣，因此，即使未來不動產市場持續泡沫化，上漲的幅度相對來說不會太大。不動產的價格平均來說會穩健維持高檔，要以此認知為前提來應對市場。雖然我也說過，市場是絕對、絕對、絕對不會照預測動作，我們所能做的，是觀察動盪的市場來應對，先抓一個方向，並隨狀況一點一點修正，再以修正過後的方向去應對。

短期不動產市場要以賣出來應對

接下來的幾年，應對策略應以賣出為主，絕對不是買進。在未來的不動產市場中，問題只剩下「何時要出售」。目前的不動產價格或許還會些許上漲，但之後崩潰的幅度會更大，所以最好是避免買進，盡可能在最大漲幅時獲利了結。然而，不同種類的不動產未來的走向可能天差地別，所以無法一概而論。賣出獲利了結的情況是指賣房變現的時候，若是要換房子的話，就得考慮到利得稅。若自己的房子可以不必繳納利得稅，或許可考慮換房子；然而，若公寓的價格達數十億韓元，須繳納高額利得稅，情況就不同了。賣了房子後再重買，現金也只能買到原來房子一半大小的地方，那繼續持有或許是更聰明的做法。不動產市場有句名言：「公寓與三星電子的股票不是拿來賣的，是拿來存的。」這句話就目前來說，還是有參考價值的。

　　短期的應對要特別注意同時賣出與買進的機會。泡沫崩潰對某些人來說是賣出的時機；對另一群人來說則是買進的時機。沒有人知道泡沫崩潰會在何時、何地、如何發生。基於的各項指標與疫情，合理地預測目前應不會出現泡沫崩潰，然而我們無法知道未來會發生什麼事。俗話說，任何事情發生之前，都會出現三次的徵兆。大家不想再去回想的三豐百貨倒塌事故，在倒塌之前就已經有多次的警訊。百貨公司的結構出現問題，牆壁、地板開始龜裂，不時傳出奇怪的爆破音……多次的警訊後，百貨倒塌了。次貸危機也一樣，從 2006 年開始就出現警訊，至 2007 年正式開始發出警告。2007 年 2 月，專做次級抵押貸款的新世紀金融公司 New Century Finance 倒閉，2008 年 1 月，抵押貸款擔保金融機構 Ambac 出現危機，3 月投資銀行貝爾斯登 Bear Stearns 被摩根大通收購等等，這些都是預兆。到了 2008 年 9 月 15 日，控股公司雷曼兄弟 Lehman Brothers 申請破產，從次級貸款 Subprime Mortgage 開始的金融危機正式引爆。接著在 10 月、11 月，花旗銀行、美國銀行、通用汽車、福特汽車接連爆發危機，次貸危機正式重擊金融市場。這造成在 1847 年設立，事業遍布全球且擁有 25,000 名員工的美國第四大投資銀行雷曼兄弟，在 2008 年 8 月 15 日依據美國破產法第十一章，向美國破產法庭申請破產保護，為 158 年的歷史畫下句點。

　　以前，當韓國發生金融危機時，韓國政府秉持著「大馬不死」[21] 的態度全力阻止企業破產，美國金融勢力批評韓國政府的作

---

21 韓國特有的說法，指大集團、企業絕對不會破產。

為並稱之為「態度擺爛症候群」。然而在面對雷曼兄弟破產時，美國金融勢力或許無法承擔其破產所引發的整體金融危機，首次在美國破產法庭上出現了「大到不能倒」Too Big To Fail Doctrine 法則。我想，「大馬不死」這樣的理論可以成立，是因為雷曼兄弟破產成為美國金融歷史上規模最大的事件的緣故吧。在申請破產保護的隔天，巴克萊銀行宣布收購雷曼兄弟在美國的業務與總部，接著在 9 月時野村證券宣布收購雷曼兄弟的全球業務。從這件事我們可以得知，當不動產市場開始過熱，必須要時時注意這樣的警訊，因為一錯失時機，就會進入暴跌行情，沒有人想買進。像這樣急遽的崩潰，對某些人來說會陷入絕望，然而對有所準備的人來說則是帶來希望。韓國的不動產市場從 2000 年代至今有三次的買進機會，分別是 2003 年信用卡危機、2008 年次貸危機以及 2011 年歐洲財政危機，抓住這三次機會的人，可以從身無分文進展到坐擁江南公寓，即使只抓住其中兩次，至少也能擁有價值 10 億韓元以上的公寓，「拚命也要貸款」的精神，就該用在這種時機。大致來說，機會是給與別人選擇相反作法的人，盲目跟隨別人的作法，是不可能抓住暴富機會的，絕對不可能。

　　夢想著暴富的人，必須要了解現金的價值。現在許多人十分輕視現金，把它看作是廢紙並惴惴不安，只想跟進買房潮，現金隨時可能會成為廢紙的恐懼感支配著市場。然而，越是這種時候，越要好好地管理現金。在某個時刻，現金將成為王，風水輪流轉，不動產為王的時代並不是可以持續不變。好比青春期的初戀，失

戀時的痛苦像是明天就要死去一樣，但那也只是一時的，隨著時間，會發現自己已經對過往雲淡風輕。所謂人無千日好，花無百日紅，當其他人把現金視為廢紙時，更要好好地存錢，持有評價低估的資產是理所當然的事情，股市也一樣。過去在 Covid-19 疫情下，韓國綜合股價指數一度掉到 1,400 點，股票瞬間變得太過便宜。這時，不論是東學螞蟻[22] 或西學螞蟻[23] 都大舉買進股票，因為大家相信，過低的評價將會回歸。現在韓國綜合股價指數回到了 2,800 點以上，平均來看，報酬率達 100%。不論是不動產、股票、現金，只要市場上的交易價格低於它的價值，就是買進的時機。以現在來說，現金的價值被低估了。若你感覺到現在的現金價值太低，就代表你準備好投資了。

但是準備好投資，並不代表就能抓住機會，準備好投資，只是其中一項必要條件。要時時注意機會，至少持續觀察 5 年、10年。首先該做的，是決定目標物。所有人都想把江南的公寓設為目標，但並不是所有人都買得起，必須選擇自己的所得能夠負擔的房子，要在以本人持有的現金加上銀行貸款能夠購入並居住的範圍內尋找公寓。若超出了這個範圍，即使是想做為差額投資[24] 也不能買，縱使你認為透過差額投資的方式仍在可負擔的範圍之內

---

22 買國內股票的新世代散戶。

23 買外國股票的散戶。

24 差額投資，原文為갭투자（gap investment），買家（房東）選擇購買房價與傳貰房押金相差不多的房子，找到租客收到大額的押金，即可以少量現金購屋。換句話說買家只需要少量資金買房，預期未來房價漲後，可賺取差額。

也不行。

　　假設現在你有 2 億韓元的現金，貸款可負擔的範圍是 5 億韓元，那你必須選擇價格會下跌至 7 億韓元左右的公寓。這裡的重點是，不應將來自父母的援助加入計算，父母的援助另有用處。大致來說，公寓的價格自泡沫時期的頂點，最多下跌至 60%，保守以 70% 來計算的話，可動用資金達 7 億韓元的人，可以將目前市價約 10 韓元的公寓作為目標。接著，選定約 3 間在這個範圍內的公寓，定期觀察公寓價格走向，等待價格下跌至自己的目標範圍以內就可以入手。當其他人都在說，不動產市場完蛋了、對不動產失去興趣時，價格就跌下來了，這時就是差額投資的時機，也是使用父母援助的時機。通常當公寓價格大跌時，傳貰金價格也會大跌，以一間 7 億韓元的房子來說，在正常狀況下，可以用 2 億現金加上 5 億傳貰金購買，當傳貰金下跌至 4 億以下時，現金必須增加至 3 億或 4 億韓元。這時，就可以使用父母的援助，先進行差額投資，等 1、2 年後經濟狀況回穩，傳貰金價格回歸時，調整傳貰金來償還父母。要將父母的援助當作管理資金中的「緩衝氣墊」，有狀況時的備用方案。要記住，保有應急的資金十分重要。

短中期須參考的政策議題

　　政府提出了許多與不動產相關的政策與法案，像是公共開發的再開發計畫、租賃住宅供給、一戶一住宅法⋯⋯等等，除此之外不動產的相關規制也像是綜合大禮包，不停地推出，再加上打擊金泰東教授所謂的「新五賊」[25] 的政策與法案。我在先前曾經提過，這些政策是基於不動產公有的概念提出的。在韓國，有一半的人住在自宅，另一半則是租房。這樣的現實情況下，若能將待出租的閒置住宅轉換給無房的人持有，那麼住居問題就能解決，但我認為這類政策必定會失敗。第一個原因在於，這是違反了人類原始欲望的啟蒙主義政策，不論是住在自宅或是住在租來的房子，這是基於個人需求與欲望的決定。要將個人的資產投資於不動產、股市或是存在銀行，也一樣是基於需求與欲望的決定，這類政策卻是要禁止個人的欲望，要人住在禁欲的世界，這類政策的結果，反而會造成公寓價格大漲，政府支持率大跌。這證明了，人民並不支持這樣的政策，人民所反抗的政策或法案，是無法成功的，終將會廢止。第二個原因，對於資本主義自由市場體系根深蒂固的經濟體來說，社會主義經濟政策無法奏效。資本主義、共產主義、社會主義或第三條道路，這些都是為了支持工業革命而產生的意識形態和系統，並不是原先就存在於世界上的。首先

---

[25] 由前青瓦臺經濟首席金泰東教授所提出的「新五賊」，代表媒體、環境公害犯、公務員、法官／檢察官／律師、不動產投機客。

是人們的大航海行動和工業革命，而這些意識形態和系統，是為了支持人們的大航海行動和工業革命，是在行動後才建立的。那麼大航海行動和工業革命的本質是什麼？這源於人們想尋找更多機會、想要獲得財富的欲望。然而禁欲啟蒙系統無法支持人們的追求欲望行為。禁欲的啟蒙，是宗教及信仰所追求的。在體制對決上，共產主義已經敗給了資本主義，那麼社會主義會比共產主義來得好嗎？並非如此。我們已經從歷史上看到，英國因為社會主義的侷限患上「英國病」[26]，出現種種經濟、社會問題。要不是如此，安東尼紀登斯 Anthony Giddens 的《第三條路》The Third Way 會如此暢銷嗎？韓國的資本主義深深紮根於社會各個角落，社會主義政策是行不通的。最後一個原因，政策是有時間限制的，再長也不過 5 年。執政 5 年後等待選舉，並以過去 5 年來的政績，接受人民的評判。提出符合人民喜好政策的政黨，勢必會贏得選舉。贏得選舉的陣營，以從人民手中得到的權力為基礎，用政策的名義投射自己的意識形態。文在寅政府按照當初的選舉承諾，主要著重在經濟層面。調升最低工資，卻遭到自營業者的反對，導致所得主導成長成效不彰。不動產政策也遭遇困難與反對。然而看起來文在寅政府似乎要堅持到底，人民在下一次的選舉，會做出怎樣的選擇呢？令人好奇。

---

26 英國病，British disease，是指 20 世紀 60 年代後英國經濟停滯，充實的社會保障制度和基礎產業的國有化導致社會保障負擔增加，人民工作積極性下降，既得利益滋生等經濟、社會問題頻出的現象。

　　三十年河東 ，三十年河西，能握有權力的日子很短，距離下次的選舉只剩下不多時間[27]。下屆政府應該會改變不動產政策，因為以目前的不動產政策，會很難贏得選舉。不論推出哪位候選人，都應該重新確立不動產政策的方向。而且不動產泡沫總有一天會破滅，在市場低迷的時候，不能繼續實施緊縮市場的政策，必須重新提出振興政策，到時候，房地產政策又會改變。換句話說，沒有必要就目前的不動產政策來做決定，終還是市場會贏，雖然這一屆的政府，在短期內也敗給了市場，但長期看來則會輸得更多。尤其是像「一戶一住宅」這樣的民粹主義 populism 政策根本不值得思考。重要的是不過於在意政策議題的態度。不動產和股票不同，是要沉得住氣的長線投資。因此，沒有必要因政府的政策患得患失。雖然現在要繳比較多的稅金，但不會是永遠如此。要沉得住氣，持續觀察。

附買回條款、地上權住宅的政策效果

　　附買回條款、地上權住宅相關政策，值得我們多關注。這樣的住宅，並無法阻擋不動產市場的泡沫。正確來說，這雖然不是能夠阻擋不動產市場泡沫的對策，卻仍是具有活用性的政策。這兩項政策的設計方式完全不同，因此要好好地研究。偶然之下，

---

27 2022 年 3 月 9 號為韓國第 20 代總統大選，由尹錫悦當選。

我與 1992 年統一國民黨的半價公寓承諾、附買回條款住宅、地上權住宅這三種政策有著奇妙的淵源，所以十分了解政策的內容。必須仔細地研究後，根據個人所需，衡量是否要利用這樣的政策。

　　首先，我們來了解附買回條款、地上權住宅誕生的背景。這兩種不常聽到的住宅政策，可追溯至盧武鉉政府。在當時，受不動產價格連日上漲而陷入困境的盧武鉉政府，出現了許多要求半價公寓的聲音。半價公寓是 1992 年大選時，統一國民黨候選人鄭周永所提出的承諾。當時的我是統一國民黨的政策室首批成員。從理念、政綱、政策到選舉承諾，都由政策室所負責。在政策室忙著規劃不同的選舉承諾時，鄭周永候選人突然向媒體公開表示，上任後將會提供半價公寓。現在看來，鄭周永是一位走在時代尖端，有著劃時代眼界的人。

　　鄭周永候選人提出了連政策室博士們都無法想像到的內容，其中之一正是由我負責的「全國教職員工會合法化承諾」。我還記得，當時我接到指示，要負責檢討全國教職員工會合法化承諾，還去了位於堂山洞的全國教職員工會辦公室。韓國最早提出全國教職員工會合法化承諾的，是統一國民黨。總之，鄭周永候選人先承諾要提供半價公寓，而我負責用數字去判斷這項承諾到底可不可行。當時提出的承諾，首爾是半價，其他地區則是三分之二的價格，雖然我記得不是那麼清楚，但應該是因為土地價格的差異。在我收到政策室長的指示後，便與當時現代集團旗下的現代產業開發的宣傳次長動腦苦思了好幾日。仔細算算，我們發現價

格真的可以減半。當時承諾要提供 200 萬戶，因而在全韓國掀起了公寓熱潮。認購熱潮之下，政府施行了債券投標制[28]，而這卻成為了房價上漲的主要原因之一。另外，若扣除土地開發公社（現LH公社）在徵收土地並供給的過程中所產生的開發利潤，以及排除低效率作為，確實可以大幅降低價格。此外，將城市基礎建設都交由公寓建設事業體，原則上應由政府負擔。最後，若建設公司建造得便宜一些，就能準確地達到半價目標。經濟學博士、建設公司專家絞盡腦汁花了好幾天才算出來，鄭周永候選人連算都不需要，早已參透了。

接著，迎來了盧武鉉政府。因為泡沫七，鄭周永候選人的半價公寓承諾再次被提起。統一民國黨時期，鄭周永候選人的親信，後來成為開放國民黨國會議員的某位人士聯絡上我。他問我：「我們應該要提供半價公寓，你覺得若加上附買回條款怎麼樣？」我答道：「土地價格的通貨膨脹一直存在才有可能。」不久之後，開放國民黨的其他議員，公布了地上權住宅法案。所謂的地上權住宅法案，是指出租土地，僅出售公寓的方案。我聽到的第一個反應是：「這簡直是國家大放送，免費提供土地啊！」有人希望我比較這兩種方案、探討那一種比較好。我比較了這兩種，我認為這兩種方案實現的可能性都不高。後來，這兩種方案在當時也

---

28 為了防止新的社會住宅價格較鄰近地區低，吸引投機客來認購後轉售，要求認購者須額外購入國民住宅債券，由購入國民住宅債券總額越高的人，取得認購資格之制度。

確實都沒有實現。近期 SH 公社提供地上權住宅，這也如我所預料，出現了政府沒有想到的副作用，這些副作用顯而易見，從現在開始讓我們一個個來看。

附買回條款住宅，土地由政府提供，只收取建設費用來出售公寓。條件是在出售公寓時，有義務賣回給政府，政府買回的價格，由一開始的出售價格加上持有期間對應的適當利息來決定。結構聽起來複雜，但簡單來說，可想成是由政府提供傳貰房。與一般租屋市場上的傳貰不同在於，政府買回時支付傳貰金（押金）利息，且租屋沒有期限。這政策要實現的話，土地價格必須持續上升，上升幅度須超越建築物的折舊費用。若沒有，政府的損失將相當於建築物的折舊費用，這是因為建築物本身的價值下跌，然而傳貰金不變。這類的住宅，無法由政府親自提供，必須透過 LH 公社，而 LH 公社為企業，不可能持續累積赤字。因此，土地價格漲幅須達到或超越建築物的折舊費用，LH 公社才不會虧損。對於買公寓者來說，付回購條款的住宅並不是理想的住宅。不論古今中外，買房者同時想達成兩種目的：實際居住以及財產累積。大部分人想用一輩子賺來的錢購買公寓，安度晚年。沒有人會想把房價上漲的利益都給政府，收取押金利息，一直租房生活就好。所以，人們會傾向購買完全屬於自己的房子。

與上述方案不同，地上權住宅是由政府收取土地租金，將土地借給公寓居民。購屋者只須付擔建設費用，就可以購買公寓，這類型的公寓可以在市場上自由買賣。然而，這種方案具有結構

性的缺陷。土地在性質上，是沒有所有權的東西，只有使用權。我們所交易的，是土地的使用權，因為土地是永遠的不動產。可以想像是像中國和越南一樣，土地歸國家所有，使用權歸民間所有。因此，我們所使用的建築，是土地使用權加上建築物地上權。一旦在土地上建造建築物，該土地就不能用於其他用途，也不能隨意拆除建築物或趕人離開，因為買方擁有地上權。此外，當建築物老舊必須重新翻修，或是土地租賃合約到期時，若是一般住宅，房東可以銷毀建築物，要求房客離開，但是政府無法對人民如此，只能延長土地使用合約，以便建築物重新翻修。這就是重點了，因為上述的原因，在市場上，地上權住宅的交易價格會與一般公寓的價格相近。一開始想出此方案的人，希望由政府拿走土地價格的上漲部分，人民僅負擔建設價格入住，但事實上卻成為政府了免費供應土地的方案。顯而易見，賣房者勢必會將從 SH 公社買來的地上權住宅，提高價格出售。因此政府正在討論，是否要對於地上權住宅，加上附買回條款。

地上權住宅附買回條款，就屬於附買回條款住宅，換句話說就是有利息無期限的傳貰房。這就看個人的選擇了，想要買房子的人不用考慮，因為政府會拿走土地價格上升利益。但若是需要找傳貰房的人，這種是值得優先考慮的住宅，傳貰金可以拿到利息，合約沒有期限，可以住到想離開的時候，沒有比這更好的租房條件了。因此，我建議有兩類人適合選擇附買回條款住宅。第一類，想要有自己的房子但資金不夠必須租房者，可以想住多久

就住多久，也不用擔心傳貰金被扣除；加上傳貰金一定會比一般市面上的傳貰房更便宜。重要的是，傳貰金會加上利息退回。第二類，是已退休者或是需要大筆資金的人，可以不需要省吃儉用地過日子。都會區的房價，大多為土地價格。選擇附買回條款住宅，可以將省下來的土地價格作為大筆資金使用，或是做為養老房，老年生活過得舒舒服服，不住了還可以拿回傳貰金加上利息，沒有比這更好的選擇了。

　　最後提一個重點，當公寓價格進入了長期通貨緊縮區間，所有人都應該選擇附買回條款住宅。在房價下跌的時刻，持有房產是一件蠢事。若國家提供傳貰房，那當然應是你最優先選項。然而，目前韓國不動產並未進入長期通貨緊縮區間，因此附買回條款住宅不是優先選項。至少到 2050 年為止，都不會進入長期通貨緊縮區間。若人民不選擇附買回條款住宅，這樣的公寓價格穩定政策就無法發揮效用。因此，附買回條款住宅，無法使政府達成收回市價差額的目的。因為，當市價差額為正時，沒有人會選擇附買回條款住宅。只有當人們預期市價差額為負時，才會選擇附買回條款住宅，由政府承擔損失。

不動產市場長期展望：關於人口結構論的誤解與真實

　　每當談到人口結構論時，大部分的人都會說以下這幾句話：「人口減少，所以韓國也會像日本一樣，不動產價格大跌。接著

就是至少 30 年的長期經濟停滯，不知道會持續到何時。韓國處處
變成了極限村落[29]，而且四處都是空屋，這就是總人口減少的開
端。一直蓋房子有什麼意義呢？房價這樣上漲是合理的嗎？」大
多是這樣的內容。雖然我是首次將人口結構論導入不動產市場進
行分析，但完全不能認同上面聽到的這些內容。大部分的人總是
將不動產價格暴跌說得像是會馬上在眼前上演一樣，這就是我們
在本質上不同的地方。為什麼會這樣呢？因為大部分的人不認真
研究，只看標題，就從表面上推測。「沒錯，人口減少的話，所
需的住宅數量也會減少，出現空屋，那價格也就會下跌吧！這樣
一來，為什麼要買房子呢？既然長期來看住宅價格會下跌，住宅
是佔家庭資產比例約 80% 的巨大資產，要是我的公寓價格下跌，
我的退休生活就會過得貧窮。不如租房子，然後把錢投資在股市，
不是更好嗎？」這樣的推測，是非常單純且無知的。其實，韓國
人太少讀書了，韓國人的閱讀量在全球主要先進國家中排名幾乎
是倒數第一，完全追不上美國、英國、日本等先進國家的人均閱
讀量。現在正讀這本拙作的您，也該感到自豪，您是韓國前 1%
的人。不要說到讀書，許多人連去找統計資料、新資訊來看也不
想。上下班時間在地鐵裡，也不看報紙。資訊搜索的範圍大概只
有遊戲、漫畫與美食。

　　2008 年我透過不動產市場的趨勢變化，預測到未來偏好中

---

29 源自日語，由日本社會學者大野晃所創。指村落居民數量在 20 位以下，且 65 歲
以上高齡人口超過一半以上，社區共同體機能難以維持的村落。

小型住宅的現象。為什麼能預測到呢？是因為我有神力，只要閉上眼睛就能看到未來嗎？還是因為我是自稱命理學大師，可以預測韓國的未來？並不是，我只單純地利用統計廳的韓國人口及家戶估算資料來統計推測。人口估算的區間較長，而家戶估算的區間較短。2008 年時只有 2005 年的版本，我記得估算區間只有到 2035 年。總之，根據估算資料，未來一人、兩人戶會大幅增加，另外，也附有一人戶的年齡分布資料，分為 20 至 30 歲、40 至 50 歲以及 60 歲以上。20 至 30 歲的一人戶會傾向選擇住商大樓或是套房，40 至 50 歲會選擇中小型公寓，而 60 歲以上的會選擇住在原本的房子。若是年紀漸增，打掃不便的話，會將大型公寓出租或是出售，搬至中小型公寓。因此，中小型住宅的需求將會增加。這樣的推測，是不是非常地簡單？一點都不困難。只要找到統計廳的統計資料，花 10 分鐘坐下來好好地思考，就可以推測出來。套房與中小型公寓越來越熱門的情形，是不是就在眼前了呢？

　　自 2005 年的統計資料又過了 15 年，我打算用新的統計資料更新預測，再次連上統計廳網站。首先是人口，根據目前的人口估算，韓國總人口將在 2028 年達到 5,194 萬人高峰，而後開始減少 [30]。然而工作年齡人口減少來得比總人口快，2018 年達到 3,765 萬人後開始減少。從韓國的經濟實力層面來看，工作年齡人口是最重要的。日本的不動產泡沫也是在工作年齡人口達高峰的時候

---

30 有報導指出，韓國實際人口數已經進入了自然減少局面。然而因為是要用於預測未來，為了統計上的一致性，決定使用估算值。

出現的。那麼，韓國在 2018 年，不動產泡沫崩潰了嗎？並沒有。雖然泡沫確實是在那時出現，但當時並不是崩潰的時機。日本因廣場協議導致了異常的泡沫，並提供了泡沫崩潰的引爆點。日本政府的不動產三大政策，也可說是導致泡沫崩潰的原因之一，這正是情況與韓國完全不同的原因。當然，韓國的經濟實力，在工作年齡人口高峰時期可說是最強大的。未來隨著經濟活動人口減少，經濟規模縮小，勢必會對經濟造成影響。然而，隨著韓國轉為由生產效率帶領經濟的結構，經濟仍會持續成長。[31]

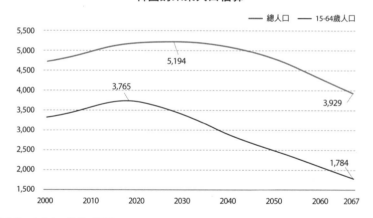

韓國的未來人口估算

統計廳：未來人口估算，2017

　　人口減少的話，住宅需求會減少嗎？並不會，減少的會是房間需求，因為是一人一個房間。韓國的房間需求會從 2028 年的

31 2010 年的書中，將工作年齡人口的高峰視為重點，而近來相對來說並不如此重視。

5,194 萬個為起點進入減少局面。當然，數字不會是剛好是 5,194 萬個，因為夫妻多半會兩人使用一間。另外，近來流行另外設置衣帽間，所以一人兩個房間的情況也不少。假設與其他數字無關，總人口數減少而導致房間需求減少，那麼是什麼與住宅需求有關聯呢？是家戶數。一人一個房間，一戶一間住宅，很簡單。因此，要想計算住宅需求，必須參考韓國家戶數量的估算。以統計廳的家戶估算為基礎，截至 2020 年，韓國總家戶數為 2,035 戶。從 2000 年的 1,451 萬戶增加了約 600 萬戶。此後，韓國家戶數到 2040 年將持續增長到 2,265 萬戶。不管是什麼形態，家戶總數都會增加。到 2030 年為止，每年將新增 20 萬戶左右。因老舊住宅的損壞，每年都有新建住宅的需求。假設住宅耐久年限為 50 年，那麼每年現有住宅的 2% 將會不堪使用。如果住宅數量達到 2 千萬戶，每年就需要供給 40 萬戶的新住宅。實際上，韓國每年有 20 萬戶左右的住宅淘汰而產生需求，所以估計每年須供給 40 萬戶左右的新住宅。韓國的住宅需求減少，應是在 2040 年以後，自那時起，家戶數也會開始減少。然而，我不認為從那時開始，就會出現空屋問題，因為每年都會有老屋淘汰。若家戶數減少的數量大於老屋汰舊的數量，才會開始有空屋問題。因此，估計至少到 2047 年，必須持續供給新住宅。

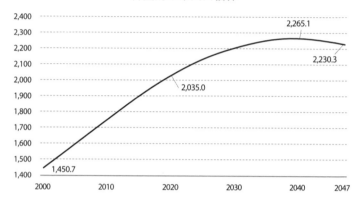

韓國的未來人口估算

韓國統計廳：未來人口估算，2017

　　像這樣從統計資料來分析不會有太大的問題，然而要做出正確的判斷，這樣是不夠的。要做出正確的判斷，需要分析更多的統計資料。讓我們來看看，依家戶人數分類的家戶數比例。在韓國，核心家庭現象快速地增加。2000 年，一人戶大約只佔 16%，至 2020 年達 30%，2047 年則將增加至 37%。兩人戶的比例變化也類似如此。三人戶的比例穩定維持在 20% 左右，然而四人戶及五人以上的家戶，到 2047 年將幾乎不存在。在 2020 年，三人以內的家戶佔整體的 79%，2047 年將達到 92%。其中，一、兩人戶將大幅增加，佔整體 73%。從韓國的住宅需求總量來看時，必須扣除掉一人戶中的 20 至 39 歲年齡層的戶數。因為這個年齡層的住宅需求與套房或住商大樓需求重複。這個年齡層，資產多半還不足以負擔昂貴的住宅，相對來說，選擇不需要大筆資金的月租房之可能性較大，反過來也可以從這裡來推測套房或住商大樓的

需求。當然 20 至 39 歲的一人戶並不是全都會住在套房或住商大樓，所以必須透過一定的假設來調整。扣除掉調整過後的住宅需求，可視為傳統式獨立住宅的需求。雖然韓國的低出生率會導致 20 至 39 歲的一人戶減少，但韓國整體的公寓需求，至少會維持增加局面至 2047 年。

　　考慮到統計上的特性時，我們可以合理推測的數據如下。第一，韓國的房間需求總量，將自 2028 年起進入減少局面。第二，因為住宅需求將持續增加，至 2047 年前必須持續供給新住宅。第三，因上述原因，到 2047 年為止，不會出現因人口結構而生的不動產通貨緊縮。第四，2050 年以後的某個時刻開始，出現空屋問題的可能性高。雖然應該不會經歷像日本那樣的暴跌情況，卻會進入更長期的通貨緊縮局面。日本經歷了「失落的 30 年」，至今仍沒有正式的反彈。考慮到這一點，韓國可能會足足經歷「失落的 50 年」。而且要想出現反彈，出生率必須上升、接受移民，要不然就是南北韓統一才有可能，這是人口結構的差異性所造成的。日本的各年齡人口組成，是人口集中在 1947 年至 1949 年戰後 3 年間出生的尖塔型結構，因此住宅的需求過去在短期內暴增，然而需求也經歷了暴跌。韓國則是由 1955 年至 1974 年，20 年來戰後世代所形成的高原型需求，需求增加的趨勢持續了 20 年，因此減少的趨勢也將長期且緩慢地發生。

依韓國的家戶人數分類之家戶比例估算

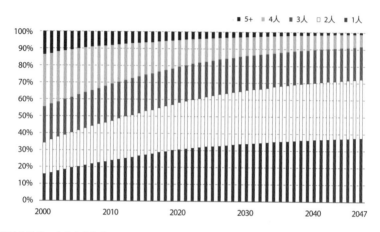

韓國統計廳：未來家戶估算，2017

　　在這裡，有一點要特別提出解釋。許多人有這樣的疑問：「若約 30 年之後，住宅供給開始過剩，那現在盲目地蓋新住宅是對的嗎？」空屋問題是 30 年後才會出現的事情，並不是現在立即會出現的問題。即使 10 年後就開始出現空屋問題，現在就必須停止供給新住宅嗎？我的答案是絕對不行。只從投資的角度來看房子的人，容易犯這樣的錯誤。住宅是生活必需品，只是具有投資性質，但這並不代表它不是消費財。如果無家可歸，就必須流浪街頭。以食品類來說，米、泡菜與一點肉是生活必需品，超出此範圍的，都屬於奢侈品。舉例來說，不吃龍蝦並不會死；衣服幾套是生活必需品，超出的就是奢侈品。一間房子也是生活必需品，房子的大小與豪華程度則是奢侈品的功能，所以並沒辦法區分成半間房

子是生活必需品，另一半是奢侈品。若不是一個屋簷下住了三個
家庭的情況，基本上還是一戶一間房。因此，若家戶數還在增加，
就要持續供給住宅，即使明年開始就會出現空屋，今天的供給也
不能因此中斷。

未來偏好的住居型態

　　中小型公寓必然會是主要流行，但並不代表大型公寓就沒有
機會，機會取決於怎麼抓。首先，來看看韓國的家戶結構。住宅
是家庭聚集居住的單位，所以韓國的家戶型態會如何改變，是十
分重要的線索。前面的章節我們放入了柱狀圖，這邊直接用數據
來看。至 2000 年為止，韓國的主要家戶人口數為四人，五人以上
的家庭已經不再是主要的家戶型態。根據過去的紀錄，五人以上
的家庭曾經是主要家戶型態。過去生育率高的時代，三至四個子
女不算多，因此五至六人的家庭很常見。並且若是三代同堂，家
戶型態則為七至八人。然而進入 2000 年代以後，夫妻不與父母同
住的情形越來越普遍，子女數量也減少至一至兩個，因此三至四
人的家戶人口數，成為主要的家戶基準人口數。到了 2020 年，一
個家庭一個子女的情況更加普遍，晚婚或不婚的族群越來越多，
一、兩人戶大量增加。

　　另外，高齡化也是導致一至兩人戶增加的影響因素之一。
2020 年開始，一人戶達 30%，成為主要的家戶型態，兩人戶也達

到 28%，主要的家戶型態已轉移至一至兩人戶。年輕夫妻的部分，一個子女的三人家庭取代了兩個子女的四人家庭，成為主要的核心家庭型態。整體來看，一至三人戶的比例達到 79%。這樣的情況會越來越嚴重，到了 2047 年，預估韓國的家戶組成比例一人戶將佔 37%，兩人戶達 35%，共佔整體家戶的 72%，若再加入三人戶，則將佔整體家戶的 92%。

依韓國家戶人數分類之家戶比例估算

年代	1人	2人	3人	4人	5+
2000 年	16%	19%	21%	31%	13%
2020 年	30%	28%	21%	16%	5%
2047 年	37%	35%	19%	7%	1%

韓國統計廳：未來家戶估算，2017

由此可推測，不動產市場上的關注焦點，自然而然將轉移至一至三人戶偏好的住居型態。首先從坪數來看，一至三人戶偏好中小型住宅，因此 30 至 39 坪的住宅可能不再是主要住宅型態。以目前的基準來看，20 至 29 坪的型態會是最受歡迎的，10 至 19 坪的也可能迅速變得熱門，因為以一至兩人戶來說，18 坪的住宅最適合居住。大坪數的房子太空曠可能感覺孤單，且從打掃或維持的層面來看，也不容易。然而要再考慮到，未來平均國民所得會持續增加，當平均國民所得達到 4 萬美元或 5 萬美元區間時，對於房子大小的喜好可能會改變。有些人可能喜歡寬敞的房間或

是客廳；有些人可能希望有獨立的衣帽間。所得越高消費面積就會擴大。將此點納入考量的話，30 至 39 坪的住宅，應仍會屬於主要偏好坪數大小，然而相當部分的需求將會轉移至 20 至 29 坪的住宅。

　　住宅的平面結構圖也將會與現在不同。如果是一至兩人戶，同樣 20 坪左右的住宅，有些人偏好簡單的格局，像是有一個寬敞的房間與寬敞的客廳。有些人可能會想單獨建個衣帽間，而有些人可能想把一整面牆設置系統衣櫃，可以產生許多不同形態的平面結構。而我認為，即使房間的數量減少，擁有寬敞的房間和客廳的形式將會成為新的住宅形態。事實上，這樣的平面結構也已經出現在市面上。建築公司已在建造小坪數大空間的設計與平面結構。希望讀者們自己試著想像一下，在平均所得 4 萬美元時代，如果經濟許可的話，會想住在什麼樣的房子呢？將各位讀者的期望匯聚一堂，就會形成新的住宅型態。

　　往後的住宅型態，也十分可能以公寓為主。公寓是在韓國特別盛行的住宅型態。在可用土地面積不多、土地價格昂貴的情況下，公寓盛行，就跟想在曼哈頓找到獨立住宅很困難是一樣的道理。但如果以這樣的邏輯來看，日本應該也是盛行公寓的住宅型態，然而日本至今仍偏好獨立住宅。日本人對於傳統的執著，使得偏好獨立住宅的現象持續。總之，日本盛行獨立住宅式的型態，且獨立住宅的結構也與公寓不相上下，便利、舒適。與此相反，韓國十分盛行公寓，雖然也有一些人希望擁有自己獨立的空間而

選擇建造田園住宅，但絕大多數的人仍是偏好公寓。因此，公寓的相關技術也隨之大幅進步，韓國的建造技術亦出口至中國、越南等其他的亞洲國家。未來，這樣的公寓盛行現象還會持續嗎？在我看來，核心家庭化會更加鞏固偏好公寓的現象。第一，對於一至兩人戶來說，獨立住宅很難照顧。前院的雜草，一個人要怎麼拔？獨立住宅要家庭成員有六至七人才會比較好整理，因為要做的事情很多。曾住過度假屋或田園住宅的人就知道，整理房子是多困難的一件事。若是公寓的話，大部分的事情由管理委員會去處理，小至故障的水龍頭大至社區廣場的雜草都可以解決。第二，一至兩人家庭，遭遇各種生活類犯罪（程度輕微的刑事案件，如腳踏車被竊）的機率較高。從這點來看，公寓比獨立住宅更加安全。考慮到這些情況，在市中心的公寓是最好的選擇。

市中心好還是田園好？

政府及許多人認為，首都圈人口過密是韓國根深蒂固的問題。政府禁止工廠在首都圈內建造，也禁止在首爾市區再建、再開發。許多專家們透過報告或是輿論報導指出，首都圈人口過密，會阻礙國土的均衡發展。真是如此嗎？我不能理解，為什麼首都圈人口過密是問題，我完全無法理解他們是基於什麼理由與證據，而有這樣的主張。許多專家指出不均衡是問題，但他們沒有回答為什麼國土必須均衡開發，只是以首都圈與鄉村的兩極化問題為

主張的依據。兩極化與均衡開發，聽起來不一樣，但其實是一樣的意思。我們就結果來看，抑制首都圈人口過密的政策，是從朴正熙總統時開始施行。政策將首爾周圍的大部分區域設為綠帶，限制開發，之後並制定了《首都圈整頓計畫法》這項強力法案，限制各種開發行為。但從現實的情況來看，首爾近郊的綠帶只剩下完全無法開發的山，如北漢山、道峯山、水落山、冠岳山、清溪山等，其餘大部分都變成了公寓或產業用地。板橋，因打造韓國版矽谷之熱潮正在進行第二期的開發。平澤，則是以美軍部隊遷移為理由，早已成了新的產業園區預定用地。除此之外，京畿道北部的美軍用地，政府也提供了各種開發優惠。除此之外的許多地區，隨著政府開發新都市時，總會有大型公寓社區進駐帶動都市化，且目前也持續進行當中，讓人不禁懷疑，這樣真的是在限制首都圈開發嗎？結論是，政府沒辦法阻擋國民做他們想做的事情，文在寅政府也只能加快第三期新都市的開發。畢竟，國民想要有自己的房子，難道能阻擋不讓建商蓋嗎？那麼我們該怎麼來看待這個問題呢？我在序言中也提過，人們的自然天性就是想要盡可能地住在首都圈、住在首爾，而這都是有原因的。原因是什麼呢？

　　經濟學中有所謂的網路外部性 network externality。外部性以用藥來比喻，就是副作用 side effect。字典上的意思，是除了藥原有作用以外，附帶出現的作用。聽到副作用，我們往往只想到不好的作用，但並不只是如此，有不好的副作用，也有好的副作用。舉例

來說，為了生產木材而伐木，造成洪水問題，這就是不好的副作用，生產木材是原本的作用，而洪水是附帶出現的副作用。為了防止洪水而種植相思樹，結果引來蜜蜂而獲得蜂蜜，就是好的副作用。防止洪水是原本的作用，獲得蜂蜜則是副作用。副作用有時會超越原本的目的，成為主流。舉例來說，在進行研發治療前列腺藥物的臨床實驗時，出現長頭髮的副作用，而將研發方向改為掉髮治療藥。所謂的網路外部性，是指像網路這樣的事業，當會員越多便利性就越提升。因此，先佔有網路外部性的企業更容易成功。以本土的應用程式來舉例，Kakaotalk 最具代表性，聚集越多的朋友，對話的便利性就更加提升。一旦出現了具代表性的應用程式，其他應用程式就很難再擠入市場，以美國的例子來說，就是 Facebook。大都市也適用這樣的網路外部性，當聚集的人越多，使生活更便利的事物也都會聚集過來。以公司來說，為了容易招到員工，選擇在大都市設址；而員工為了上班方便，也會遷移到大都市。聚集了人，地鐵就開始建設，所有的大眾交通網都通往大都市。從首爾到全國各地小都市的交通網完善，然而小都市與小都市之間的交通網卻不完備。大型綜合醫院考慮到經濟效益也會聚集在大都市。教育環境、百貨公司也相同。接著我們談人的自然天性，人們會選擇更有能源效率的地方，這是從狩獵採集時代一路傳下來的 DNA，人們在這一天性上，完全沒有進化，理所當然會選擇往大都市去。

在沒有外部衝擊的前提下，網路外部性不會被打破。外部衝

擊舉例來說，像是定期發生大地震、被放射性塵埃壟罩，成為無法再居住的廢墟。但若是像戰爭在首爾發生，這樣的事件並不會破壞網路外部性，戰爭結束後，人群會再次往首爾聚集，這是因為學習效果，人們會記著戰爭前的網路外部性。網路外部性會隨著時間更加鞏固，這也是為什麼人們只要有機會就會想往首爾去。這樣一來，答案就出來了。除了特別熱愛大自然的人以外，都市會比田園好。比起小都市，大都市更好；比起衛星都市，中心都市更好。在韓國所有的大都市中，首爾是最大的。當然不是所有人都能去首爾，因為具有地域性像是工作地點在蔚山，總不可能從首爾通勤。因此，人們會往自己居住的區域裡的大都市去。購買不動產，應該從這個角度去切入。

從投資者的角度來選擇標的

接著讓我們來看看，從投資者的角度來選擇公寓的方法。選擇公寓與選擇股票一樣，主要有兩種方法，這是我參考全球策略顧問公司所運用的新事業選定技巧所研究出的方法。分別為由上而下 top-down 與由下而上 bottom-up。首先是由上而下的方法，用這種方法，去找出未來持續數十年甚至是數百年的大趨勢。列出數千、數萬種的趨勢，並從中選出影響力最大、持續長時間的大趨勢。接著在這樣的大趨勢下，找出新興事業機會。接著再從這些新興事業機會，找出基於公司所擁有的能力具可行性的事業。三

星的五大新事業，就是這樣誕生的。在 2010 年，三星找出未來的新大趨勢為高齡化、IT 化、綠化，並選定這些大趨勢下的五大新事業，分別為醫療器材、LED、太陽能、生技製藥與電動車電池。三星從這五大新事業中，在生技製藥、電動車電池與零組件、LED 等領域創造新的未來產品。由上而下的方式也具有侷限性，從大趨勢中所找出的新事業機會，並不保證能與公司所具有的能力相匹配。舉例來說，專門製造巨輪的造船公司，沒辦法僅僅因為電影事業高成長就跨足發展，因為是與自身所具有的能力不相符的事業，隨便涉足很容易倒閉。三星也是一樣，在五大新事業當中，在太陽能事業遭遇了困難。結果，三星決定將太陽能事業排除在外，改以行動解決方案代替。另外，醫療器材事業在打入市場上也遇到困難，即使以三星的力量仍不足以找到突破口。

因為上述的原因，企業漸漸以由下而上的方式去尋找新事業機會。換句話說，就是在本身相關的行業中，尋找是否有事業擴張的機會。舉例像是礦產公司拓展至下游產業開設鋼鐵廠。身為礦產公司，可以低價保有大量的鐵礦石，也就是鋼鐵廠的原料，因此相對來說開展新事業較不困難。比起販售鐵礦石，製成鋼鐵後販售可以賺更多錢。透過由下而上的方式尋找新事業機會，成功的可能性會比由上而下的方式更高。這種方式的問題在於，雖然成功的可能性高，但成為高成長新事業的可能性非常低。礦產業或鋼鐵廠，都是與高成長關聯不大的事業。礦產業與其相關的事業，不可能是高成長新事業。近來的高成長新事業，是平台事

業或 IT 相關事業，這些事業都與礦產業關聯性極低。

　　因此，大部分的公司會採由上而下、由下而上方式並行尋找新事業。以由上而下的方式來物色事業機會，再從這之中，以由下而上的方式篩選出具可行性的事業。我們可以用這個方式來從不動產市場中尋找標的。首先決定地區與種類。舉例像是「首爾或釜山」、「公寓或住商大樓」，根據自己的情況先決定大方向。在不動產領域裡，由上而下的方式很重要，因為不能涉足夕陽產業。選擇新崛起的地區，並在那裡尋找標的，才能保障未來的獲利機會。以股市來比喻，就是要選擇成長型類股，像是電動車、生技，而不該選擇夕陽產業如火力發電。然而，由下而上的方式也很重要，不論是再好的地區，如果本身不了解，就很難去投資或管理。就像越南不動產，即使現在新崛起且十分熱門，也不能盲目地去購買，因為出租不容易，且一不小心就可能被搶走或是被騙。在不動產領域，絕對不能忽視近距離的重要性，如果一定要購買越南不動產，在買之前必須認真研究。我也在觀察越南不動產的投資機會，所以兩年來去了越南超過三十次，一個月去超過一次，去了包括河內與胡志明等十多個都市。目前，我已經選出了幾個要投資的地區與物件，此外我也物色了替我出租、管理不動產的專門管理業者以及替我處理法律問題的律師。然而我現在仍無法 100% 確定是不是要投資，因此我打算在疫情過後，再去看個一至兩年，接著，就是等待合適的投資時機。即使研究到像我這樣，失敗也是很常發生的事。不管研究得再多，還是不夠。

對於其他不動產的隨想

一人戶將會快速增加，人口結構不會輕易改變，時期、強度多少會有差異，但大趨勢仍會照政府的預估走。一人戶快速增加，多數人的關注點理所當然會往住商大樓或套房去。但如果以這樣的想法去操作不動產，就很容易落得一身狼狽。因為住商大樓與套房已達飽和狀態。代表性的地區為江南區的住商大樓，供給早已超過了需求。世界的運行不是那麼容易，自由市場是連插根針的位置都難找的。

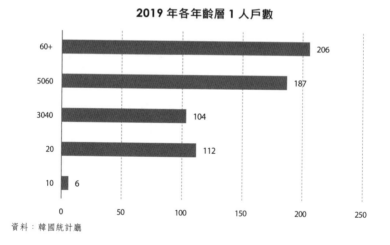

2019 年各年齡層 1 人戶數

資料：韓國統計廳

2019 年韓國總家戶數為 2,034 萬戶。其中，一人戶佔 30.2%，相當於 615 萬戶。在這之中，套房與住商大樓的主要需求者，年齡介於 20 至 29 歲的，有 112 萬戶。這代表 20 至 29 歲年

齡層的家戶須增加，套房與住商大樓的需求才會跟著增加。

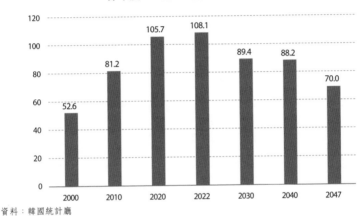

各年度 20 至 29 歲 1 人戶數預估

資料：韓國統計廳

　　那麼，20 至 29 歲的一人戶會持續增加嗎？讓我們看看統計廳的人口預估。韓國 20 至 29 歲的一人戶自 2000 年的 52.6 萬戶，持續成長至 2022 年將達 108.1 萬戶。然而自 2022 年開始，20 至 29 歲的一人戶數將進入減少局面。原因是什麼呢？因為出生率下降。20 至 29 歲年齡層，開始從父母家獨立出來，組成一人家庭的情形成為社會趨勢，所以一人戶數至近期維持增加趨勢。然而比起這樣的趨勢，出生率下降的速度更快，導致一人戶數減少。20 至 29 歲年齡層所需的套房或住商大樓，可說是已經達到了頂點。那大學附近的套房呢？情況也一樣。學生數量越來越少，已無法住滿學生。大學招生人數也將持續縮減，但有一個變數，就是外國留學生或是外籍勞工。這個族群未來會持續增加，隨著韓

國的低工資勞動力不足現象越來越嚴重，將會引進更多合法且便宜的外籍勞工。與此同時，這些族群的居住地點，如套房及集合住宅的需求將會逐漸增加。因此，在外籍勞工聚集的區域，需求逐漸增加的可能性高。辦公用的住商大樓剛好與個人創業需求符合。韓國將逐漸走向就業更加困難的經濟情勢，而這勢必會造成小規模創業增加。辦公用的住商大樓符合這樣的趨勢，預期將可支撐大部分需求。但仍須觀察不同地區的供需情況。

　　最近有一句流行語：「造物主上還有業主」。這是關於微型商店街的趨勢，雖然價格比公寓更貴一點無法輕易入手，但一旦入手，就可以住在頂樓，每個月收租金。因為擁有土地，建物的價值也會持續上升，可以解決居住問題又能享有市價差額與月租收入，這正是住商大樓的優勢。所以說業主的地位比造物主更高，也是有道理的。但真的是這樣嗎？讓我們反過來思考。正如我說過許多次的，巨大的危機會改變模式；當模式改變，不動產市場的秩序也將會改變。次貸危機以後，中小型企業受到矚目也是源於此。這一次的 Covid-19 疫情，又會改變什麼模式呢？答案是疫情吹起的零接觸商機，帶給不動產市場的變化，正是關注重新落在 1 樓的商家。商店街 1 樓的價格總是最貴的，因為商店街 1 樓相當於土地費用。在出售商店街時，1 樓去除土地價格，2 樓去除建築費用，3 樓以上獲利，這是長久以來的公式。隨著土地價格上漲，條件也有些許改變，但仍維持著類似的公式運作，由此可見 1 樓的商業價值有多大。但是商店街 1 樓也漸漸出現越來越多

的閒置空間。隨著線上購物越來越發達，線上可以買到的東西，不論是什麼都能宅配送到，使得線下商家逐漸沒有立足之地。這樣的現象早已開始，而因疫情關係更加速這個過程。若不是一定要有空間的情形，1 樓商店街的用途將會消失。舉例來說，美髮店的服務沒辦法從線上宅配，咖啡店則是除了賣咖啡以外，店內空間還有其他附加價值，所以比較不受零接觸影響。近來炸雞店都是做外送服務，酒吧類型的商家也不容易，獨自喝酒的族群不會去光顧，朋友聚會也是大家拿著罐裝啤酒，透過 Zoom 線上聚會。考慮到這樣的變化，要好好地判斷可能入駐 1 樓商店街的行業是否能夠在此立基，也要看看 2、3 樓的套房出租情形，微型商店街的處境也越來越艱難。

選擇公寓還是土地？這隨個人的喜好。土地買賣困難但獲利率高；相反地，公寓很容易脫手。我當然推薦公寓，當土地賣不出去時就成了累贅。KB 國民銀行每年都會公佈一份富人報告，只針對在銀行擁有 10 億韓元以上現金存款的富人進行統計。根據這份報告，韓國的不動產富人大多偏好公寓，這是因為所謂的變現性，必須要易於換成現金，才可以創造許多的獲利機會。若不是有特別的原因，我推薦公寓勝於土地。尤其是當資產足夠購買一或兩棟公寓的話，最好避開土地投資。

讓我們再看一點。如果考慮購買公寓作為投資，中小型公寓並不一定是好的選擇。目前的市場趨勢轉向中小型，所以確實能得到更好的條件。但是所有事情都是相對的。大型公寓的價格如

果再繼續下跌，大型公寓可能更容易獲利，尤其是可能會進行重建的建築。現在的政府上台後，禁止了所有的重建工程，「1+1重建」[32] 這類的方案也無法進行，然而政府會換人，不動產市場的情況也會改變，總有一天重建工程會再次獲得許可。如果未來大型公寓價格大幅下跌，也可視重建狀況，考慮土地持份多的大型公寓。要記得，所謂的價值總是相對的，希望各位不要忽略大型公寓。

掌握買進時機

決定好地區與標的後，就只剩下等待買進時機了。該在何時進入不動產市場？我用前面曾經提過的蜂巢週期模型重新說明一下。從圖表來看就能清楚知道，必須在經濟蕭條時期買進，在繁榮時期賣出，問題在於要抓住何時是蕭條期、何時是繁榮期之時機並非易事。為了掌握買進和賣出時機，要了解各個階段的特徵。

①蕭條期（價格落底－交易量落底）

急售物件堆積如山，連來看物件的人都沒有。公寓的銷售市場也非常冷清。不動產市場崩潰的恐懼支配著市場。不動產經驗豐富的專家們，開始收購物件。

---

32 當重建老舊公寓時，為了推動盡速重建的促進方案，舉例原本有 50 坪，重建後給兩戶（25 坪＋25 坪）。

② 開始恢復期（價格低點－交易量增加）

在恢復期，隨著交易展開，急售物件首先被買光。然而，要看先前的經濟不景氣是短時間急遽下跌還是經歷長時間緩慢走向蕭條，恢復期的模樣會非常不同。2008 年次貸危機使得價格暴跌，因此在 2009 年的恢復期出現早一步的買進趨勢，使得急售物件快速被買光，賣出價格也瞬間回到正常水準。相反地，在經歷歐洲財政危機經濟蕭條後的 2013 年恢復期，價格並沒有快速上升。每當政府發佈政策時，交易量反覆地增加減少，出現買進的同時也會出現待售物件，使得價格上升速度緩慢。在這個時期，充滿勇氣的一般人，開始進入市場。

③ 恢復期（價格上漲－交易量正常化）

隨著人們對未來展望的復甦，價格開始上漲。這時還沒有恢復到先前最高點，交易量也接近平時的水準，價格上漲空間充足。不需要勇氣，如果行動夠快的人，就會在此時買進。

④ 繁榮期（價格暴漲－交易量開始減少）

暴漲的價格使得交易量減少，銷售市場的競爭率也向上攀升。潛在需求者，即未來等待買進的人也進到了買進市場。繁榮期後期與進入蕭條期前期會出現的典型現象，是「不動產幼幼班」擔心再也買不起自己的房子，拚命也要貸款買房的情形。

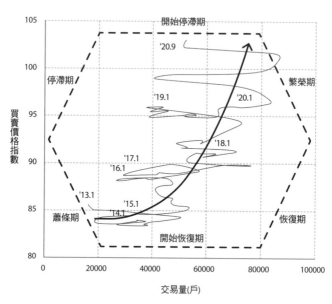

韓首都圈公寓蜂巢週期模型

資料：KB 不動產、國土交通部
註：住宅買賣價格指數，以消費者物價指數 (CPI) 實際化

⑤ 開始停滯期（價格維持－交易量驟減）

初期會出現價格暴漲卻沒有成交的現象。因為價格太高，使得買家無法馬上買進。如果以股票市場來比喻，就像是股票一開盤就漲停直到收盤。偶爾出現一至兩次的成功交易，使得價格回復正常。賣出價格與買進價格間的差距太大，使得交易量如瀕死狀態，也就是無法成交。

⑥ 停滯期（價格暴跌－交易量落底）

資金不再流入不動產市場，價格開始暴跌。整個市場都把關注點放在價格下跌，使得交易量枯竭。賣家開始丟出急售物件，而堆積的急售物件使得成交價格再往下跌。賣家因為賣不出去而叫苦連天，而買家不理不睬，在繁榮期末拚命也要貸款買房的屋主們只能深深嘆息。

無論是誰，都會想在蕭條期的價格谷底購買房子；而需要出售的賣家，則想在繁榮期的高點賣出，買賣的心理是相反的。如果房價不斷上漲，人們就會開始擔心是不是永遠都買不了房子，無奈之下，只好拚了命貸款買房，銷售市場也處於過度活躍狀態。接著泡沫崩潰、房價暴跌，投資本金全數蒸發，手上只剩銀行貸款，房子只有公寓玄關是自己的，其餘全歸銀行所有。新建案銷售的情況也是如此，通過數千比一的競爭，將一輩子所存的申購資金一次全部投入，中籤時的那股喜悅，就只有那一瞬間。到公寓竣工之前，辛辛苦苦地付工程款，而到了須繳納尾款的入住日，房價卻暴跌，沒辦法虧本出售，日子也不好過。必須賣房才能入住的人，他們的痛苦無法用語言來形容：我得賣了我的房子才能入住新房子，但想急著出售也賣不出去。除了必須便宜賣掉原本的房子，還得準備入住房價已下跌的新房子，根本是雙重損失。

需要出售的人也是一樣。房價一漲，就擔心房價漲得沒完沒了而撐著不賣。已經放出來要賣的物件，就算出現買家也會不想賣，或是提高價格導致無法成交，人的貪念就是如此。接著，不

動產市場暴跌，急需用錢的人或是拚了命貸款買房的人，就會急著要出售。越來越多的待售物件讓價格一跌再跌，不管價格訂得再低也賣不出去，甚至完全沒有人來看房。因此，只好一再降價，好不容易出現了買主，終於成交。除了捨不得有了感情的房子，想到高點的價格又再次感到扼腕，但是償還本金加利息的負擔太重，實在難以忍受，終於下定決心出售、簽了約。結果，哎呀！原來那就是價格觸底的訊號。從那時開始，開始出現買進潮，急售物件迅速銷售一空。你想「早知道就再等1年」，卻也為時已晚。

　　另外也有透過專業的統計來支援的方法。股票市場有所謂的恐慌指數 Fear index，是衡量股價指數期貨的波動性並將其指數化。像在美國股票市場有「S&P500 VIX 恐慌指數」，是由芝加哥期權交易所 CBOE 所計算並推出。數值由 0 到 100，當市場上出現具衝擊性的情況時，指數會往 100 衝。用於衡量市場的恐慌程度，所以稱為「恐慌指數」。市場的波動性一直存在，最穩定的狀態是恐慌指數在 10 至 15 左右，在這個數值間可視為未來幾乎不存在不確定性，若衝擊程度加大，恐慌指數就會上升。

　　911 恐怖攻擊時，恐慌指數曾達到 100，緊接著連 3 日交易暫停，也未公佈指數。次貸危機時曾一度達到 81，歐洲財政危機持續的 2011 年則達到 43。歐洲財政危機可說是次貸危機的餘波，所以沒有達到 80 以上，然而 43 也已經是相當高的數值。這次的 Covid-19 疫情，在 2020 年 3 月 16 日曾達 83，而在 2020 年 12 月 28 日則跌至 21.7，疫情帶來的不確定性可說是已經散去。恐慌指

數更適合用來判斷股市買賣時機的指標，也可以用於不動產市場，如何正確地解讀是關鍵。大致來說，當恐慌指數衝到接近 80 的時候，可視為不動產的買進機會。歐洲財政危機屬於長時間持續的危機，因此在恐慌指數落於 40 至 49 區間時，也可抓住買進機會。這次 Covid-19 疫情雖然具有不確定性，但大家都知道疫苗有一天會問世，且各國適時地提供流動性，恐慌指數並沒有升高，不動產市場未出現暴跌反而是上漲。總之，不動產市場也可參考恐慌指數來應用。

讓我們來看看韓國銀行的基準利率。利率下調，將會持續提供現金流動性，當利率處於下跌的局面，不動產價格下跌的可能性也較大。當利率跌至谷底時，流動性的供給將會達最大量，這時就是買進時機，馬上就會出現用錢的力量堆出來的市場走勢。不只是韓國銀行的基準利率，最好也要關注美國的基準利率，可能的話，還有歐洲與中國。韓國是開放的經濟體，理所當然會受到世界主要國家的流動性影響，利率會不會進一步下調，從分析新聞就可以大概知道。要自己閱讀所有的經濟相關統計資料不容易，可以參考分析類型的新聞。最近更是如此，像是零利率、量化寬鬆這類的政策，大部分都會事先放出消息，像是「現行利率將持續至何時」、「債券買進計畫量不會減少」這一類的標題。看這類的新聞，就不難知道目前的利率是否處於谷底。

我會應用上述的三個輔助指標分析趨勢，精準地掌握時機則是透過新聞與政府的政策。當不動產價格下跌 20 至 30%，接近我

的目標價格帶，或是恐慌指數快速提升至 70 至 80 區間，我就會開始收集資訊。關注新聞與政府政策，定期去我設為標的的社區、不動產附近走動。當市場上開始累積跌幅大的急售物件，這時就是買進的機會了。還有，當電視黃金時段新聞或是主要媒體第 1 頁出現不動產市場蕭條新聞，幾乎就代表時機來臨了。當反覆出現不動產市場蕭條新聞或是屋主房子賣不出去、內心焦急的訪談時，就可以等待政府公佈振興方案。一開始的振興方案，都是力度較弱的對策。接著會推出稍微強一點的，等到最後推出綜合大禮包振興方案時，就要馬上動作。整體經濟或是不動產市場都不會永遠在谷底，下坡路後必會出現上坡路。若覺得價格與先前的高點相比已經下跌許多，就要牙一咬買進；買進之後，就是與時間的戰爭了，務必要沉住氣等到價格回歸的那一瞬間。

掌握賣出時機

掌握不動產的賣出時機要比買進時機更加困難。買進的話，只要與先前的高點相比，價格跌至較低廉的區間就可以買進。尤其對於有實際居住需求的族群來說，更不需要多加考慮，反正是要自住長期持有又不會賣。不動產具防禦性，就算是通貨膨脹房價也不會下跌，只要不是不好的物件，就沒有問題。而賣出時機，即使研究了多樣統計資料來判斷是不是泡沫，也不容易掌握，加上一般人不是專家，也不容易去找各種統計資料來讀。首先，不

動產應該在蜂巢模型上的哪個時機點賣出呢？過了繁榮期進入開始停滯期時，不是賣出的時機；當處於開始停滯期時，雖然可能以非常高的價格賣出，但也要看買家的勢力是否有辦法支撐住，完全無法判斷會在什麼時候突然進入沒有買家的下跌局面。不動產與股票不同，沒辦法「在膝蓋時買進，在肩膀時賣出」。當價格漲起來時，是賣家主導市場，賣家上架物件後，買家一出現，賣家就提升價格或者收回物件，導致買家可能買不到任何的物件，因此必須在停滯期買進。相反地，賣出必須在上升期。許多的賣家與買家，對不動產往往有錯誤的認知，以為不動產有大量的物件，可以像股票一樣容易隨時買賣。實際的交易情況是，一位賣家搭配一位買家，當待售物件大量出現，價格好像要下跌了，買家就會不買而開始等待，那交易就不會成功。因此，賣出時機必須在聚集了大量的買家，且出現可能買不到的心態時賣出。問題在於，這是什麼時候呢？一般人無從得知價格還會上漲多少，所以難以掌握時機。

第一，要時時記得，買方湧入的時機，就是賣出的時機。不動產如果沒有買主，就賣不出去。股票即使跌得再深，還是會有人買，只要便宜幾百元賣就行了。然而不動產不是這樣，如果訂價便宜，那買家就會不買而繼續等待。因為不動產是一筆龐大的金額，下跌的時候會一下子就跌 1 至 2 億韓元，價差是很大的。第二，要看新聞。當出現泡沫化相關新聞時，就要著手準備賣出了。這時要盡可能地研究各種統計資料，像是住宅購買力指數，

看看國民是不是有充分的購買力，不動產價格上漲，也要有相對應的購買力才有可能成交。不用特別去統計廳網站找，只要在入口網站的新聞搜索，大部分就可以找到了。第三，若利率開始調升，就是賣出時機。當政府開始緊縮流動性，買進房屋的金錢來源也會減少。當利率上升，代表利息負擔也會加重，資金周轉將更加困難。

當美國大動作升息的話，就是非常明確的訊號了。外資開始流入美國，韓國的流動性也將流出。錢上沒有標籤，買股票的錢也可以買不動產，所有的一切都取決於流動性，也就是金錢。大致來說，基本要有這個程度的知識，然後觀察市場的動向。我最關注的重點是「不動產幼幼班拚命也要去貸款」，當這個族群開始買進時，就是賣出的時機。這與股票市場一樣，當感覺完全不懂股票的人，也開始去證券公司開戶時，就代表股價高點已經到頂了。「不動產幼幼班拚命也要去貸款」，是那些因為擔心房價會不斷上漲而拚了命也要去貸款買房子的行為，這往往是繁榮期尾聲的現象。「拚了命也要貸款買房」是指以正常的所得水準來看房價過高的狀況，這樣的狀況很難長期持續，或許可能會有一小部分人這麼做，但整體社會都這麼做的可能性低，也不可能持續長久。況且，如果連潛在的購買者都買房了，就更沒有要買房的人了。當沒有人要買時，價格就會跌了。

第**4**章

股市的反思

貨幣數量論，惡性通膨以及資產市場泡沫

　　在正式進入談論股票市場前，我們先來了解一項經濟理論，因為這是不動產市場與股票市場波動的真正原理。一般人認為，當景氣變好，資產市場的價格也會上升。先看股票市場，一般人認為，當企業的營收變好淨利提高，公告配息也會增加，這樣的利多消息帶動股價上揚，股票市場進入上升局面。然而，我相信大部分投資者不會這樣想，如果這樣想的話帳戶很容易就會空了。股票市場上的名言：「有小道消息時買進，出現新聞時賣出」，這句話的意思是：企業公布財報的日子，就是賣出的日子。根據效率市場假說 Efficient Market Hypothesis，市場會先反映所有的資訊，效率越好就會反應越快。當企業財報預估表現佳，股價就會先預測到未來而上揚，也就是說，股價會早於財報上漲，大多先於實際景氣 6 個月左右。

　　股價已經上漲了一段時間後，景氣才進入上升局面，或是股價已經下跌了一段時間後，景氣才進入停滯局面，這於股票投資者來說是基本常識，我在這就不多做說明了。接下來我想要以貨幣數量論的觀點來分析，乍看之下可能會覺得難，簡單來說，就像是將商品數量乘上商品價格，就是總通貨量。舉例來說，市場上有 10 個蘋果，每個價格是 1,000 韓元，那總通貨量就是 10,000 韓元 (10 個乘以 1,000 韓元)。這樣的算式可以說明許多的情境。我們所關注的是供給更多的流動性到市場的狀況，所以我只會針

對這部分說明 [33]。在有 10,000 韓元與 10 個蘋果的市場上，一個蘋果的價錢是 1,000 韓元（10,000 韓元除以 10 個）。然而韓國銀行突然決定多給市場 2,000 韓元，那市場上的錢就變成 12,000 韓元，一個蘋果的價格就變成 1,200 韓元（12,000 韓元除以 10 個）。沒有發生任何事情，只是多放了 2,000 韓元，就會造成物價上升 20% 的結果。若在流動性 10,000 韓元與 10 個蘋果的市場，突然提供了 90,000 韓元，那蘋果價格會怎麼變化？會變成 10,000 韓元（100,000 韓元除以 10 個）。只是往市場供給更多的錢而已，蘋果價格就會立刻飆漲 10 倍，這就是惡性通貨膨脹 hyperinflation。全世界惡性通貨膨脹的歷史多不勝數，造成惡性通膨的原因大致分為兩種類型，一種是戰爭，一種則是民粹主義。戰爭造成的不需要多做說明，當戰爭爆發，經濟活動萎縮，GDP 減少；與此同時，為了籌措軍事費用就要大量印鈔票，當然會導致物價暴漲。若以上述的算式來帶入，經濟活動的結果（蘋果）從 10 個減少到 5 個，錢從 10,000 韓元增加到 100,000 韓元，那麼蘋果價錢就會從 1,000 韓元暴漲到 20,000 韓元，出現惡性通貨膨脹。歷史上著名的例子，像是德國的威瑪共和國就曾經發行面額 100 兆馬克的鈔票與面額 1 兆馬克的硬幣。第一次世界大戰以後，威瑪共和國必須負擔龐大的戰後賠償金，又推動過度的福利政策，戰後工業設施崩潰，

33 舉例來說，若當年生產狀況不佳，蘋果供給剩下 8 顆，那蘋果的價格就會上漲至 1,250 韓元（10,000 韓元除以 8 個）。若市場上的需求增加，蘋果增加供給至 12 個，那市場上就需要有 12,000 韓元（12 個乘以 1,000 韓元），所以韓國銀行必須多提供 2,000 韓元到市場上，這樣經濟才能運轉。

財政能力難以負擔，只能仰賴發行貨幣，最後遭致惡性通貨膨脹。聽說當時德國的上班族，每到發薪水的日子，必須帶著推車上班，因為必須把薪水放在推車上才有辦法帶走。去商店要買東西付帳時，算有多少綑錢已經沒意義了，乾脆用秤的。另外，聽說還會用鈔票來當壁紙、綑起來當壁爐用的木柴燒，這時候的錢比垃圾紙屑還不如。而這次的惡性通貨膨脹，最終成為了希特勒第三帝國的誕生背景。正因如此，西洋歷史學家們稱呼希特勒為「通膨的養子 the step-son of inflation」。民粹主義造成的惡性通貨膨脹案例，則是發生在 2009 年，北韓的第五次貨幣改革。2009 年所施行的貨幣改革，北韓決定了舊鈔與新鈔的兌換比率是 100：1，商品價格也按照比例降低，原本 1,000 元的蘋果一夕之間就變成了 10 元，到這裡為止，都是可以理解的。問題在於，工廠或企業所發的工資金額保障基準，是以先前舊貨幣的幣值為基準。換句話說，員工的薪資金額相同，但是商品價格下降至百分之一，等於實際上薪資漲了 100 倍。這就是為了安撫長期苦於高物價的北韓人民的民粹主義政策。北韓人民當然為此感到喜悅而歡呼，然而喜悅的情緒還沒消散，問題就來了。貨幣改革後，經過 2 年，出現了惡性通貨膨脹，物價以更誇張的幅度飆漲，即使薪資上漲了 100 倍，實質的所得仍是減少了。舉例來說，貨幣改革以前，1 公斤 20 元的米，2 年後變成 6,100 元，足足漲了 305 倍。米的生產量沒有變化，以薪資的型態向市場供給了 100 倍的金錢，導致米價暴漲了 305 倍。原有的通貨膨脹問題，加上貨幣價值蒸發，導致了這一

次的惡性通貨膨脹。

　　有兩種市場流入資金會影響景氣，一個是商品市場，一個是資產市場。雖然資金也會流入其他的市場，但我在這裡只談這兩種。若韓國銀行釋出更多的資金，這筆資金就會流向商品市場與資產市場。一般來說，在經濟危機時不具備流入商品市場的條件。正常情況下，當市場上蘋果的需求大減，商品價格理應下跌，當消費者的錢更少就更不需要了。因商品市場不景氣，企業就不願意增加設備，也不會有錢來投資。資金流入投資，工作機會才會增加、所得才會增加，連帶商品需求才會增加。所以如果要整體循環好，資金應該往投資方向去。然而銀行明明往市場釋出了更多的資金，若這些資金沒有流向商品市場，那是去哪裡了呢？答案是資產市場。Covid-19 疫情之下，景氣尚未完全恢復，然而資產市場之所以波動的原因就是在此。無庸置疑地，資產市場上，尤其是股票市場是景氣的先行指標。然而還有其他的原因。當市場上有更多的資金，物價也會隨之上漲，導致貨幣幻覺 Money Illusion。因為貨幣幻覺使得景氣恢復，而景氣恢復則需要更多的資金讓景氣進入良性循環之中。這樣的話，資產市場實際上漲了多少了呢？這一刻，資產市場處於泡沫狀態。泡沫與惡性通貨膨脹，雖然是不同用語，卻是同個意思。市場上沒有任何變化，只是無限制地往市場釋出資金。零利率加上量化寬鬆政策，就等於是向市場無限制地供給貨幣。

　　當蘋果的價格沒有變動，資金就會流向資產市場，導致惡性

通貨膨脹，也就是泡沫。關鍵在於未來會不會繼續上漲，以及會是以硬著陸 hard crash 方式導致泡沫崩潰，或是以軟著陸 soft landing 方式回歸正常。

次貸危機，歐洲財政危機以及病毒大流行

為了尋找以上問題的答案，讓我們再次回顧過去 10 年。2008年 8 月 15 日，控股公司雷曼兄弟依美國破產法第 11 章申請破產保護，從次級貸款開始的金融危機正式引爆。緊接著花旗銀行、美國銀行、通用汽車、福特汽車等美國的代表性金融機構與汽車產業接連爆發危機，面臨次貸危機以來最糟的金融狀況。1929 年大蕭條或次級抵押貸款金融危機的共同點在於，是由不動產市場和金融市場組合的資產市場雙雙崩潰所引發的經濟危機。由此來看，精通大恐慌研究的班・柏南克就任美國聯準會主席，也是理所當然的事。班・柏南克就任後，聯準會開始積極性降息，直到中央銀行已經利率降至 0 無法再降的極限後，柏南克拿出了新武器「量化寬鬆」。

因為透過降息供給貨幣的機制，無法在市場上作用，既使利率為零，若市場上不需要金錢供給貨幣也沒用。利率政策從某個角度來看，算是被動式的貨幣政策，因此，美國聯準會以在市場上購買國債的方式，直接供給資金。柏南克像是以直升機撒錢方式狂灑資金，這也是他被稱為「直升機班 Helicopter Ben」的原因。

美國有柏南克，歐洲則有歐洲央行總裁德拉吉 Mario Draghi，日本則有日本央行總裁黑田東彥。德拉吉總裁展現了他卓越的手腕，實行了西歐的貨幣政策。他僅靠語言能力就掌控了金融市場，這就是為什麼他被稱為馬力歐德拉吉，有時還會施行閃電般大規模的貨幣政策，證明他所說的並不只是空話。日本央行的黑田總裁也如評價所說，他是日本戰後以來最精通量化寬鬆政策之人，以僅次於美國和歐洲的成熟貨幣政策，拯救了日本經濟。

　　當全世界還未從次貸危機的痛苦中擺脫出來，就又爆發了新歐洲財政危機，令人難以負荷。家庭負債問題已經嚴重超出水平標準，南歐主要國家為了解決家庭負債問題，紛紛採取了財政政策。對於將貨幣政策交給歐洲央行的國家來說，除了因為已經沒有財政政策以外的辦法之外，歐洲基於歷史悠久的社會契約傳統文化，導致個人不會想分擔痛苦。

　　韓國在面對這樣的問題時，大眾會發起募捐，但卻對年金改革反抗示威，顯現了巨大的文化差異。從南歐國家的角度來看，實行歐元區使得北歐的製造業強國受惠，而南歐各國卻是被犧牲了，所以北歐國家應該支援南歐。相反地，北歐國家對此的反應則是如此：「你們自己要活得像蟋蟀一樣，不懂得事先準備防患於未然，現在要來怪我們這些努力工作的螞蟻嗎？我們並不想協助你們，所以你們繼續實行更慘烈的結構調整吧。」南歐與北歐之間的情緒性反目，導致要克服歐洲財政危機更加緩慢。在這情況之下，英國爆發脫歐，更是給全世界投下震撼彈。而美國選擇

上調基準利率，創下超過 10 年以上的超長恢復期。2019 年美國迅速上調基準利率至 2.375%，中國、歐洲、日本未能提升利率，韓國因無法承受與美國的利率倒掛，好不容易升息了兩次，從 1.25% 上調到 1.75%。接著，全世界因疫情大流行再次遭受重創，基準利率瞬間回到了零利率，韓國也全面下調至 0.50%。自疫情爆發以後，韓國銀行也對市場釋出資金。原本年增率約在 8% 左右的準備貨幣，也隨著疫情飆漲至 18%，以原本的兩倍速度供給準備貨幣。2020 年韓國的經濟情況如何呢？換句話說，我們要看蘋果的數量是不是有增加。

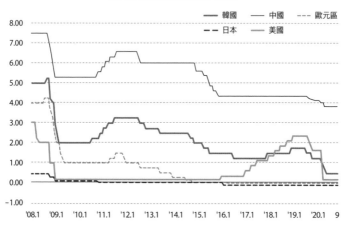

全球主要國家的利率動向

資料：韓國銀行

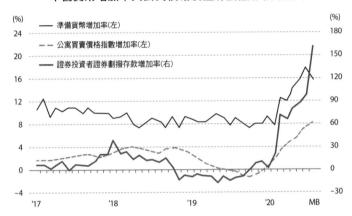

準備貨幣增加率與公寓價格及證券劃撥存款增加率

資料：韓國銀行、韓國韓國鑑定院、金融投資協會
註：前年同月比為基準

　　第 1 季、2 季的經濟成長率，與前一季相比，季增年率分別
為 -1.3%、-3.2%。雖然第 3 季的經濟成長率反轉為 +2.1%，然而
考慮到第 2 季的經濟成長率為 -3.2%，與去年同期相比，仍無法
避免負成長的命運。換句話說，2020 年第 1 至 3 季，蘋果會持續
減少。即使準備貨幣增加也無法流向商品市場。那這麼多的錢都
去哪裡了？不動產市場與證券市場。從下面的圖表，就可以清楚
看到，隨著準備貨幣增加，馬上反映在公寓買賣價格指數與證券
劃撥存款餘額上。在這裡，要記得一點。當政府往市場撒錢時，
一定要往資產市場去。不論是投資股市或不動產，或是要選什麼
標的、哪一間公寓，都是需要仔細考慮後再決定的問題。但首先，
要先思考，應該要往股票市場或是不動產市場？當政府開始撒錢，
錢的價值就會下跌，這會反映在資產的「價格」，帶動價格上漲。

當然，這不代表資產的「價值」確實上升。換句話說，資產的價值不變，但錢的價值下跌，使得資產的市場價格上升。因此，在這個時期，持有現金就是很愚蠢的行為。要盡快將現金投入資產，防止持有的金錢價值下跌。當金錢增加的量追上資產價格的上漲，才能防止錢的價值下跌。

在這個時候，要守住金錢的方式，就是失去金錢。金錢是無風險資產 Risk free asset。乍聽之下，會覺得只要持有金錢，就能防止價值下跌。然而實際上的意思並不是如此。

這個詞的真正意思是指金錢的貨幣單位不會改變。舉例來說，與有價證券或是不動產不同，錢的貨幣單位已經印在票面上，錢「通常」就等於面額。唯一會改變錢的價值的是物價。在通貨緊縮的時代，金錢的價值上升；在通貨膨脹的時代，金錢的價值下跌。然而在物價變動不大、通貨膨脹率在 2% 以內的商品市場上，金錢的價值「大致上」可視為一定。問題是在資產市場，面額 1 萬韓元的鈔票，始終是 1 萬韓元。不動產則可能是 2 億韓元、1 億韓元或是 3 億韓元在變動；股票也是一樣，票面金額是 1 萬韓元，萬一遇到不景氣或是倒閉，就可能變成零元，若事業發展良好，也可能變成上百萬韓元。金錢確實有利於避免價值下跌，然而這句話也包含著另一個含意：金錢的價值不會增值。假設現在是政府大撒錢，公寓價格暴漲的時期。公寓價格多半會從 1 億韓元大漲至 2 億韓元，手上有現金 1 億韓元的人，在公寓價格大漲以後，變成只能買半間公寓了。相反地，早一步買了公寓的人，

等於是以 1 億韓元的現金，取得了價值 2 億韓元的公寓。因為害怕投資失敗，而將現金 1 億韓元握在手裡的人，等同於失去了半間公寓。

短期內股市可獲利

　　前面章節已經提出充分的證據，說明短期不動產市場要以賣出應對。這 1 至 2 年，韓國的不動產市場會維持強勢。然而在這之後泡沫崩潰時，韓國會是受創最嚴重的國家。家庭收支的財務結構，韓國位列世界末段班。美國在次貸危機以後，歐洲則是在財政危機之後，經歷了殘酷的家庭收支結構調整，而現在則維持著近代以來最穩健的狀態。日本的家庭收支結構原本就穩健，唯獨韓國的家庭收支之財務健全性十分脆弱，比次貸危機的美國、財政危機的歐洲都要更家脆弱。有史以來最嚴重的債務負擔正在壓迫我們的家庭收支。若現在購買不動產，未來 1 至 2 年價格可能大幅上漲，但是在泡沫崩潰後，不動產價格將會遠遠低於現在的價格。現在買的話，在泡沫崩潰後要承受好幾年的心理壓力，但若是再等個幾年買，就可以以比現在更便宜的價格買到。因此在未來幾年，已經持有不動產的人應該會賣出。

　　相反地，短期內證券市場將有可得到豐富獲利的機會。這是因為，股票的買進與賣出相對來說容易，不論是在實體經濟層面或是流動性層面都是如此。首先，我們先看經濟層面。在全球

2021 年 Covid-19 大流行下，中國相對情況較輕微，將會主導全球經濟的恢復。中國為了刺激經濟復甦，已經大幅展開許多開發計畫，一如往常地如黑洞般吸走全球的資源。原物料價格上升，可視為是因為中國經濟恢復的關係。當達到群體免疫時，美國與歐洲將會加入帶動全球經濟復甦的行列，估計會是在 2021 年底至 2022 年初。至少在 2022 年一整年，美國和歐洲的家庭支出將主要集中於先前未能實現的消費活動，2 年來被壓抑的消費將在 2022 年這一年爆發。因此，至少到 2022 年為止，全球經濟將持續恢復。產業結構為出口主導的韓國，在這段期間，企業財報表現也將會連連超出預期 earning surprise。韓國的產業結構對全球經濟的敏感性極高，韓國出口可說是全球經濟的先行指標。因此，當預期全球經濟將復甦時，會先反應在韓國的證券市場。韓國證券市場在 2020 年的上漲幅度，是全球第二多的，2021 年的韓國證券市場也如火如荼地開始。

　　這顯示，全球經濟已經從 Covid-19 疫情中恢復。從流動性角度來看，韓國的股市必然會維持強勢。流動性浪潮將從美國開始流進來，隨著疫苗接種意外延後，經濟長期停滯的可能性高，導致政府必須再次施行刺激經濟政策。美國將會持續供給市場大量流動性，這也代表著美元將會持續走弱。美元資金將從美國流出，這股資金將會最先流入韓國。在出口景氣恢復的實際層面上可獲利外，也有韓元走強帶來的獲利。相較於其他貨幣，韓元將會雙重走強。隨著疫情，旅行收支逆差將縮小，經常收支順差將擴大，

且美元資金的流入也將使資本收支實現順差。這樣的現象在 2020 年底美元轉弱時就開始出現，2021 年也將至少持續至上半年。再加上韓國的流動性也將會維持豐沛的狀態，出口景氣雖然會有所改善，然而因疫苗進口延遲，達成集體免疫的時間點延後，內需景氣將會持續蕭條。這樣的情況下，韓國銀行理所當然會暫緩升息，證券市場上的證券劃撥存款多，股價只要稍微修正，就會有大量資金流入。韓國證券市場能漲到多高，並不是關鍵。預估指數是神的領域，如果想知道未來的指數，得去找算命仙，這本書裡沒有答案，而且預估指數也沒什麼意義，我們能做的，不過是根據狀況來應對。然而，腦海裡要有幾個大方向。第一，比起整體指數的大幅上漲，應關注各產業別的不同市場行情。指數已經充分地上漲了，不論指數是繼續上漲或是停止上漲，沒有太大的意義。未來，應將先前有獲利的標的獲利了結，將目光放至過去不受關注的標的，以不同的觀點來看待市場。第二，在前述的觀點下，應關注未來會出現的非零接觸趨勢。當形成集體免疫，人們將會蜂擁至過去 2 年無法從事的行為與娛樂，去旅行、購物。非零接觸的股票自然就會開始受到矚目。這 2 年縮減的有多少，接下來就會有更大量的需求出現。過去疫情期間，往零接觸類股去的投資者們，將重新回到非零接觸的類股並創造碩大的獲利。第三，應關注景氣敏感類股。景氣敏感類股將迎來超級循環。過去 10 年景氣敏感類股一直在谷底徘徊，過去的超級循環造成的供給過剩，使得產業結構調整持續進行，直到現在，供給能力大幅

縮減。景氣敏感類股中，重化工業在特性上對需求增加的反應較慢，因為建設工廠所需時間長，供給較無彈性。因此，即使需求只稍微增加，價格也會大漲。這一次的景氣敏感類股的超級循環，預料規模將大且持續時間長。

比特幣將是鬱金香泡沫的翻版

其實我並不喜歡談論比特幣 Bitcoin。我看過很多靠比特幣大賺一筆的人、我自己也曾經靠比特幣獲利，但是現在我不再關注比特幣了。其實，只要是有一般經濟學知識的人，就可以預測到從 2020 年底美元走弱趨勢，而美元走弱就是比特幣買入時機。我在 2020 年 11 月 10 日，於某個 YouTube 頻道發表了我對美元的走弱預測，這個節目在 12 日上傳。我當時所說的，不只是美元走弱，而是大幅走弱，這樣的話，理所當然應該在那個時候買進比特幣，這樣到現在應該已經獲利豐富。根據摩根大通的資料，比特幣已經漲到 16 萬 4 千美元，是讓資產擴張 10 倍的機會，但是我卻連看也不看。理由很簡單，我有經驗，玩比特幣很容易會變成比特幣廢人。比特幣 1 年 365 天，每天 24 小時交易不停歇，漲幅、跌幅都沒有限制，波動劇烈。只要一瞬間沒注意，就會從大賺變成大賠。整天顧著看比特幣，也很容易就會被公司辭退了。從各種角度來看，比特幣很容易讓人變成廢人。

有人問，比特幣的未來呢？為了回答這個問題，我們要先了

解什麼是比特幣。比特幣是在 2008 年 10 月，由化名為中本聰的程式設計師所開發，並在 2009 年 1 月公開程式原始碼。雖然開發者本人自稱是 1975 年出生的日本人，然而至今他的真實身分仍未公開。比特幣在工學上是以區塊鏈 blockchain 技術為基礎，製造出來的加密貨幣 cryptocurrency，貨幣單位標示為 BTC。由於在設計上，允許人們在全世界任何地方以 P2P 方式自由地進行金融交易，因此不需要中央銀行的支付結算功能。交易帳簿 Ledger 以區塊鏈技術為基礎，分散儲存於多個用戶的伺服器上。中本聰將比特幣的總發行量設為 2,100 萬個，不會再變多。專家認為，比特幣全數發行完畢的時間點應會在 2150 年左右。然而，總發行量的限制並不會成為問題。比特幣在設計上，可分割至小數點 8 位數，以小單位來使用。比特幣的最小單位稱為「聰 Satoshi、SAT」，是為了紀念創始人中本聰。另外，還有與比特幣類似的其他加密貨幣，又稱競爭幣 Altcoin 的使用方法，比特幣為這些競爭幣的關鍵貨幣。

　　比特幣從工學的角度來看，具有極大的潛力。區塊鏈有政府無法操縱的特性，所以所有的交易都非常安全地儲存在共享帳簿 Shared Ledger。不論在世界上哪個角落，只要一瞬間就可以完成交易。舉例來說，假設要從韓國轉帳至非洲納米比亞，要先去銀行將錢換成美金，再將美金轉帳至納米比亞銀行。轉帳完成後，在納米比亞當地的人，必須去納米比亞銀行領轉帳來的美金，再將美金換成納米比亞元。這整個過程，至少需要幾天的時間。即使透過西聯匯款 Western Union，也無法避免要去銀行的過程。但如果使

用比特幣，就能夠簡化流程。在電腦上購買比特幣然後轉帳，在當地將收到的比特幣賣掉存到帳戶裡就可以了。比特幣在零接觸時代，可以是最好的結算方式。尤其在不需要透過中央銀行的結算功能方面，具有去中心化之特性。換句話說，可以不受中央銀行的所有行為影響，如操縱通貨膨脹。其實，通貨膨脹本身是中央銀行的特權，這與向人民徵收稅金的效果一樣。政府為了施行財政政策所發行的所有貨幣與債券，其實都是通貨膨脹稅 inflation tax，而比特幣是沒有通貨膨脹稅的名目貨幣。那麼比特幣能否按照當初的設計，成為履行結算功能的名目貨幣呢？電腦工程師們把比特幣奉為「零接觸社會的未來」。

　　在加密貨幣的世界裡，比特幣是金子，以太幣是銀子。但是在經濟學家的眼裡，比特幣是金子嗎？並不是。比特幣雖然具有貨幣的特性，但有著不能真的當貨幣使用的致命弱點。具結算功能或是成為關鍵貨幣的重要一點，就是貨幣價值必須穩定。然而比特幣並非如此。今天一枚價值一萬元，明天價值千萬元，要用哪一個價格為基準來支付呢？今天付了一萬元，隔天就變成千萬元的話，轉帳的人會氣死，相反地，今天付了一千萬元，隔天變成一萬元，收到的人也完蛋了。這就等同於，將價值千萬的物品賣出，卻只收到一萬元，這就是名目貨幣的限制。根據可視為現代貨幣理論之父的貨幣國定論，政府擁有貨幣發行權，可以無限量印製名目貨幣，但是有一項條件：名目貨幣的起源必須為國家，而非市場。我們所使用的錢，也就是名目貨幣，若韓國這個國家

消失在世界上，就會變成壁紙而沒有任何價值了。只有當政府能維持其價值穩定，才可履行結算功能的，正是名目貨幣。在市場上也可以通用的貨幣是實物貨幣。在過去，鹽曾經具有貨幣的功能，後來還有銅、鐵、金和銀。這些物質不是貨幣，本身具有價值，因此國家無須保障其價值，在市場上就可以流通。然而比特幣不僅沒有這種物質本身的價值，而且其價值也無法保持穩定。因此，它不能作為名目貨幣使用。更何況，如果其價值維持穩定，就沒有必要投資了。

　　這就是比特幣的矛盾與諷刺之處，基本上，這是美國拜登政府的第一任財政部長葉倫的想法。其他國家的中央銀行也抱持同樣想法。區塊鏈的技術，可以使用於將法定貨幣的數位化。但是若是這樣的情況，會製造法定貨幣的電子幣，並不會使用比特幣。葉倫維持其對比特幣的看法，認為只是單純的投機性熱潮，就任財政部長以後是否會對比特幣施以限制仍不明朗。在我看來，比特幣就像是 1600 年代荷蘭的鬱金香泡沫的翻版。鬱金香泡沫是 1630 年代發生在荷蘭的全球第一次，也是最大一次的泡沫，規模絕對不亞於 1929 年的全球大恐慌。鬱金香，是為人所知的春季花，據說原產地在地中海一代，但哈薩克聲稱是該國的原生種，所以原產地也可能是中亞。這種花開始出現在荷蘭，約是在 1500 年代中期。原本就是很美麗的花，經過園藝王國荷蘭改良種子後更美麗了。因為美麗且珍稀，只要擁有這種花，就能代表這個人的身份與社會地位。人們想展現社會地位的欲望，不過是過去還是現

在都一樣。貴族們紛紛開始流行在家裡放著鬱金香。連貴族裡的下人都開始想偶爾奢侈一下，開始買鬱金香。這股風潮開始擴散，全國民都陷入了收集珍稀鬱金香的熱潮。1936 年，鬱金香在阿姆斯特丹證券交易所正式開始交易，鬱金香熱潮開始興起，價格飛漲，非常稀有的改良種一株的價格相當於一部需要四匹馬拉的馬車，以現在來看，大概是相當於凱迪拉克或是賓士最高級的轎車價格。接著在 1637 年的某天，突然就迎來了災難。人們開始意識到鬱金香的原本價值，價格從 2 億韓元暴跌到 3 千韓元，從那之後到現在，鬱金香的價格就與一般春季花無異。摩根大通預估比特幣一枚的價格將會達到 16 萬 4 千美元，相當於最高級的凱迪拉克一台的價格，這是偶然嗎？在韓國也曾經有類似比特幣的案例。2000 年代初期的網際網路泡沫時期，我持有 Serome Technology 的股票。在當時，這家公司的 Dialpad 將要實現以網路為基礎的電話技術，是劃時代的產品。只要裝上 Dialpad，只要有連上網路的電腦，在全世界任何地方都可以講電話，而且免費。Serome Technology 掀起了投資熱潮，當時韓國的網路類領頭股是 Daum 以及 Serome Technology，NAVER 還不存在。我的同事將投資全押在 Daum，而我則是全押在 Serome Technology。在股價 2 萬韓元時買進，一下子就漲到了 5 萬韓元。看到 150% 的報酬率感到非常地幸福，股票的未來展望也十分看好，開創了全球首創的劃時代技術，勢必會成為網路界的霸主。我心想，我絕對不要賣掉這張股票，以後要傳給孩子。接著，我出差了 2 個禮拜，出差期間，

我不停地想像著 Serome Technology 的股價。「等我回家時，應該就會漲到 10 萬韓元了吧。」想像是美好的。Daum 的股價突破 10 萬韓元，然而 Serome Technology 仍在 5 萬韓元。感到失望的我，帶著羨慕的表情恭喜同事，同事一臉疑惑地說：「應該是我要恭喜你吧！」原來在這段時間，Serome Technology 的股票決定分割，1 股拆成 10 股。我用 2 萬韓元買的股票，價值變成了 50 萬韓元。到了 2000 年 3 月初，股價漲到 28 萬 2 千韓元。以股票分割前的基準來看，就相當於 282 萬韓元。Serome Technology 實際上，排除有償增資與無償增資，單單是股價在 6 個月之間就上漲了 150 倍，這個紀錄不只前無古人，也後無來者。後來，Serome Technology 倒閉了，股票也變成了廢紙。然而 Serome Technology 的網路電話通訊技術，是現今全球社群軟體包括韓國的 Kakao talk 都採用的功能。在當時，Serome Technology 在技術層面上是最先進的，然而止步於未能創造出商業模式的瓶頸。比特幣如果不能成為以網路為基礎的名目貨幣，就會重蹈 Serome Technology 的命運。然而如果成為名目貨幣，雖然可以生存下去，但其投資價值也將會消失。

股市大崩跌的前兆

賣股票跟買股票一樣重要，要是沒及時賣出去，之後就很難找到賣出的機會。近期的行情，已經出現泡沫的徵兆了，一旦泡

沫崩潰，就會開始暴跌，要是沒能及時逃出，就會被迫變成長期投資。那麼，應該要什麼時候賣出呢？當美國聯準會開始收回流動性時。目前，美國聯準會利用兩把刀在料理著市場，分別是零利率與購入債券計畫。那麼聯準會會先揮哪一把刀呢？當然是購入債券計畫。聯準會曾經公開表示，2021 年將不會升息。從點陣圖上來看，2022 年好的話可能會升息 1 碼（25bp）。但是如果出現物價上升，就必須進行相當程度的控制，將會減少購入債券計畫，讓供給市場的流動性量減少。接著將會升息，然後將其持有的債券賣出，收回流動性。這是一般的貨幣政策順序。因此，當聯準會開始減少購入債券，也就是當逐步縮減 Tapering 這樣的單字出現在媒體上時，投資者就要保守看待了。逐步縮減購債，雖然不等於收回流動性，但可達到減少供給流動性的效果。華爾街將此解讀為收回流動性。當開始出現逐步縮減話題時，就會馬上出現削減恐慌 taper tantrum，也就是證券市場隨即反映，出現恐慌而下跌的情況，這時候就可以開始準備賣出。而正式的賣出時機，請記得，逐步縮減購債，是要開始保守看待的訊號：當開始升息時，就必須減少投資比重了。而預期升息速度將會加快時，就是真正的賣出時機。最終決定升息速度的是物價。與此相關，有幾樣需要特別注意的事情。第一，達成集體免疫的時機，這是決定消費者物價的最重要因素。受 Covid-19 疫情而畏縮的消費者，開始進行外部活動時，就是達成集體免疫的時機，物價當然會反映此情況。每個國家達成集體免疫的時機不同，所以時間點都會不一樣。

一開始，預期擁有最多疫苗、最早確保疫苗供給的美國，會是最先達成集體免疫的國家。然而美國的接種計畫執行不力，預估達成集體免疫的時點將往後延。而歐盟在確保疫苗數量上就已落後，整個歐盟只確保了 3 億劑的疫苗，這個數字無法達成群體免疫。俄羅斯與中國，相對來說動作較快。

　　俄羅斯研發出衛星-V 疫苗 Sputnik V，展開接種行動。無法取得英美系疫苗的東歐舊蘇聯聯邦國家，紛紛選擇俄羅斯製疫苗並展開接種。塞爾維亞決定引進衛星-V 疫苗，甚至連德國也在考慮與俄羅斯合作生產疫苗的可能性。中國由國藥集團 Sinopharm 與中國石化 Sinopec 兩間公司合作研發疫苗，在中國國內展開接種之外，也正式開始供給南美等低所得國家。雖然市場上對俄羅斯及中國製疫苗的效力有疑慮，然而即使沒有 90% 以上的免疫效果，對於達成集體免疫應仍是沒有問題。因為集體免疫是當 60% 左右的人民擁有免疫力就會有效果。因此，諷刺的是，預估最先達成集體免疫的是中國、俄羅斯與接受其疫苗供給的國家，接著是美國以及歐洲，依照上述順序的可能性高。全球主要消費市場為美國與歐洲，因此應將焦點放在這兩大地區的國家達成集體免疫的時機。第二，鮑爾與葉倫的組合。由川普所選出，歷來最鴿派的現任聯準會主席鮑爾，與主張高壓經濟的前聯準會主席兼現任財政部長葉倫，這兩位美國的經濟巨頭組合，創造出的貨幣財政政策，將會決定未來市場的流動性走向。這兩人對於目前美國經濟的看法相似，認為美國經濟的根本體質脆弱。鮑爾主席應會慎重啟動升

息，會先不斷地試探與暗示後，才會展開升息。葉倫倡導高壓經濟，認為應使需求壓力升高，讓整體經濟變熱。她認為經濟體質虛弱，應使需求壓力充分增加，才能支撐經濟成長。因此，聯準會的態度，是可容許美國的通膨率暫時超過 2%，只要長期通膨率仍在目標 2% 水位，就不會有真正的升息。再加上，葉倫預估將會展開提高需求壓力的高壓經濟財政政策，就是利用發行國債的赤字財政政策。赤字財政，是指透過刺激需求，使得美元走弱，刺激物價上漲。對韓國的影響在於，美元將會流入韓國，外資會為了避免美元弱勢而逃至韓國市場。這樣的現象應會持續，應仔細注意這兩位經濟巨頭的行動。第三，應注意原物料的超級循環。這是睽違 10 年的循環。談到在 2010 年的超級循環時，業界相關人士總稱其為史無前例、未來也很難再出現的最大規模，然而我認為，即將來臨的超級循環規模將會比 2010 年更大。如我前面所說明的，這是由新自由主義、零工經濟與現代貨幣理論所結合造成的新景氣循環型態，巨大的泡沫與恐慌連續出現的循環，使原物料循環也將成為反覆的超級循環。未來原物料循環的特徵將會是短且強的升級循環 up cycle 與長且深的降級循環 down cycle 反覆出現，關鍵在於這一次的原物料超級循環之強度與持續性，強度越強、持續時間越長，在最後的繁榮行情中獲利也會越豐沛。換句話說，原物料超級循環，就像是泡沫煙火秀。

泡沫的煙火，是最華麗的一瞬間，比美國獨立紀念日的煙火秀更精彩。股票一片紅，飆漲的股價造成連日啟動波動性中斷措

施 Volatility Interruption，期貨市場也經常啟動臨時停牌 Sidecar。所有的投資者沉醉於煙火秀毒藥之中，因為能得到相當可觀的獲利不只是原物料，連工業類股市場也將受惠於超級循環。然而不幸的是，原物料超級循環，就像哈利波特的金探子一樣，在最後一集才真正開啟。景氣敏感類股市場，在最後的表演最華麗，接著就是泡沫崩潰。當原物料超級循環結束，就只剩下廢墟了。這次的超級循環，緩慢持續升溫並持續長久的可能性高。未來會怎麼發展，沒有人知道，只有市場知道。股票市場是由無數的賣家與買家展開激烈競爭的完全競爭市場，參與者個人能做的只有依市場走向應對。不論市場行情上漲或下跌，不過是跟著市場的走勢，尋找獲利的機會罷了。在上漲行情中，尋找標的購買，在下跌行情時反向操作就可以了，兩倍槓桿反向的話獲利可能更多，然而我並不建議將投資部位以槓桿方式操作，尤其不推薦反向操作開兩倍槓桿。槓桿部位的獲利高，相對地風險也高，本金可能在一瞬間就全數蒸發。風險越高的投資，越是屬於專家的領域，我並不建議投機性的投資方法。

由東學螞蟻展開3,000點時代的意義

　　最困難的是中長期展望，明天會如何都不知道了，要怎麼談論中長期呢？但是我們仍有必要關注大趨勢的經濟狀況。這就好比在風浪肆虐的大海中，雖然要忙著隨時應對，但船長還是不能

錯過遠方的北極星。我們應該關注的是什麼呢？人口社會學特性與總體經濟展望，這些東西不容易改變，換句話說，長期展望相對來說比較容易。首先，讓我們先從韓國股票市場觀點來看東學螞蟻的意義。

　　股票市場交易熱烈連日長紅，2019 年 3 月一度跌到 1,439.43 點的韓國綜合股價指數，在 2020 年 1 月 7 日來到 3,031 點，站穩 3,000 點。僅是指數就已翻兩倍，報酬率超過 100%。若在 2020 年 3 月 19 日，KODEX Kosdaq 150 槓桿達低點 3,700 時買進，至今報酬率就有 400%。即使未在最低點買進，也有 300% 的報酬率，個別的標的也可能達到更高的報酬率。讓 2020 年的股價指數止跌並拉高的一等功臣就是東學螞蟻們。他們將外資與法人因 Covid-19 疫情所拋售的股票全都買起來，推升股價指數達到 3,000 點以上。這是股票市場上從來沒有過的事情。螞蟻通常是外資與法人的提款機，但這次不一樣，這是因為螞蟻變聰明了嗎，還是他們的力量變強了呢？東學螞蟻們不只變聰明了，也變強大了，原因在於 YouTube 以及零利率以及逃離不動產市場這三個因素，使得股票市場展開了 3,000 點時代。

　　近來 YouTube 上，有各式各樣股票相關領域的知識。韓國分析師們的股票分析能力是全球頂級的，尤其是半導體領域的分析。韓國席捲了全球半導體市場，只要好好分析三星電子跟 SK 海力士就行了。不只是半導體，韓國企業中，全球頂級的企業不勝枚舉。關於這些企業，韓國能得到的資訊最多，也因此分析能力為

全球頂級，加上韓國高水準的 IT 產業，使得我們的網路可以提供最快、最豐富的各種統計、資料以及新聞。因為這類的統計資料，任何人都能自由接觸，使得業界分析師與民間高手之間的實力差距不大。尤其業界分析師多半偏向賣方，而民間高手們則從買方角度分析，也是民間高手反而更獲得信賴的原因。總之，這些業界分析師或民間高手們，每天分析市場，並將分析報告上傳至 YouTube，股票幼幼班的螞蟻們相對來說，也能以更正確的觀念來進行投資。在過去，當利用本益比 PER、股價淨值比 PBR 等基本面分析法不準確的情況下，能使用的只有技術分析。由於所有投資者都仰賴技術分析，所以股價就跟著技術分析波動。但現在，只要一提到技術分析，大家就在質疑：還有人在看技術線圖嗎？再加上，螞蟻們也變聰明了。過去總認為，照著外資與法人的單來操作就是正解，特別是會跟著外資做。過去我們的分析能力比外資不足，但現在能力差距已不大。螞蟻們意識到，跟著外資做反而賺不到錢，將外資視為反指標，與外資反向操作來投資獲利更容易。

　　不論是外資、法人或是一般散戶，當客戶交錢給券商時，券商買進；當客戶要求贖回時，就必須賣出。新冠疫情就是代表性的例子。當市場陷入恐慌，美國投資人贖回基金時，韓國的東學螞蟻們都接下了他們的賣單。當外資在流淚時，螞蟻們買下了所有他們拋售的股票。這樣的現象在歐洲財政危機時就已開始出現。歐洲整體陷入擠兌危機，歐系外資紛紛拋售股市債券時，韓國的

螞蟻們沒有放過這個機會,當時也是韓國的東學螞蟻們,接下了他們拋售的股票。螞蟻們不只是變聰明,力量也變強大了。東學螞蟻們已經可以替自己配備裝滿子彈的機關槍了,當然零利率的影響最大。隨著市場的流動性越來越豐沛,資金周轉也變得更加容易,雖然一位螞蟻的資金與外資和法人相比微不足道,但當他們團結起來,規模就能與外資和法人抗衡。

　　東學螞蟻們聚集在咖啡廳等地方,共享彼此的個股分析資料,共同應對,這就是所謂的聯合戰線。這樣一來,即使外資或法人連日拋售數兆韓元,螞蟻們也能全部買進,帶動指數上升。一直以來,因為韓國折價 Korea discount 現象而評價過低的韓國股票能夠回到正確的價位,也相當程度得益於這些東學螞蟻。其實在過去,韓國螞蟻們既沒錢,又沒有正確的分析能力。當時總流行炒特定股票、炒短線,去券商大廳總會看到大黑板上用白色粉筆寫著:「今日的焦點股」,並列出數個標的。現在想起來,其實是令人笑不出來的風景。在這樣充滿初學者的市場上,只要比別人多懂一點,就能賺進大量的錢財。韓國知名的「狎鷗亭泥鰍」也是這樣有名起來的。他在韓國期貨市場開設初期名聲大噪,當時韓國的期貨市場就是個投機市場。在當時,他比一般的投資者更懂得投資方法,因此賺進大筆財富。被稱呼泥鰍也是因為他善於自損失風險中逃脫。也有一些人,是透過資金動員能力而成為絕頂高手,像是「木浦三腳章魚」,綽號來源就是只要選定目標,就會像三腳章魚一樣不放開。而「全州投信」,則是因他的資金

周轉能力達到法人級而獲得了投信的綽號。然而如今，個人要成為絕頂高手的時代已經過去了。這是因為股票投資的基盤已經變大、變廣，難以出現獨一無二的高手。

最後一個重點是螞蟻們逃離不動產市場的趨勢。近來的不動產價格已達到普通人難以入手的程度。購買不動產需要一大筆資金，少說要數億韓元，多則要數十億韓元。這麼一大筆錢，不是輕易就能拿得出手的。相較於不動產，股票只要幾十萬韓元、幾百萬韓元就能交易，相對來說是很容易進入的市場。尤其在Kosdaq，小型股如果好好挑，也有報酬 10 倍、20 倍的標的，這代表 1 千萬韓元的本金，可能突然變成 1、2 億韓元。尤其在近年，長期低利率時代之下，資金也變得更充裕了。在這樣的社會氛圍及證券市場相關條件改善之下，螞蟻們開始積極投資股市。但這就是全部了嗎？並不是。雖然螞蟻確實是逃離了不動產市場，但原因並不僅在於目前不動產價格的持續高漲。

家庭資產投資組合之再平衡

韓國的家庭資產投資組合正正展開再平衡。一直以來韓國家庭的總資產中，不動產資產所占比例多落在 70% 至 80%。當不動產市場熱絡時約在 80%，蕭條時則在 70%。先進國家的情況，不動產資產與金融資產的比例多為各 50%。韓國偏重不動產資產的現象遠高於先進國家，一個原因是高速發展期不動產價格的快速

上漲，另一個原因則是股市較不發達。然而隨著經濟發展，不動產價格的上升趨勢勢必會逐漸放緩。與此相反，股票市場開始成熟，基盤也擴大。因此，家庭的投資資產也不得不從不動產資產轉移到股票資產，尤其是像韓國這樣，透過推動由政府主導的高度開發政策而成功的國家，都只能沿著類似的軌跡移動。

在 1600 年代就已經開始有股票交易所的歐洲與延續其傳統的美國，股票市場在早期都十分發達。因此，隨著工業化所帶來的不動產價格暴漲以及股票市場的膨脹，也是歐洲與美國的歷史。若是在經濟未開發的國家，由政府主導開始開發，就會出現農村解體、人口外移至都市的現象。隨著經濟發展，都市化程度加深，都市地區的不動產價格雙重上漲。與此相反，股市尚不發達，且家庭也沒有足夠投資股市的資金，因此股票投資微不足道。當家庭陷入了絕對資產不足的貧困情況下，最優先要做的是買房子，因為房子既是投資資產也是生活必需品。當然，為了需要快速蓋好產業園區、住宅社區等等，投資土地也可能獲得高報酬。由政府主導的經濟開發，具代表性的例子有日本、韓國、中國及越南，這是按照時間順序排列的，經濟發展程度之順序也相同。最早經濟開發成功的日本，早已進入先進國家之列，韓國則介於新興國家與先進國家之間，中國則是新興國家的先發，越南則是新興國家的後起之秀。

已經進入先進國家之列的日本，資產組合也早已轉變為先進國家型態。為了方便說明，簡單來說就是 50% 的不動產、50% 的

金融資產。日本的金融資產比例快速增加，1990 年不動產泡沫崩潰是最主要的原因，自不動產市場泡沫崩潰至今，日本難擺脫持續 30 年以上的長期通貨緊縮，導致日本年輕人對於不動產普遍悲觀。與受不動產不敗神話所吸引的戰後團塊世代不同，其子女回聲潮世代偏好投資股票，對他們來說，不動產不過是個累贅。從整個村子裡沒有新生兒，逐漸會消失的極限村落，到市中心到處都是空屋，東京市的空屋率也達到了 10%。從父母繼承而來的住宅，即使不居住，每年也要按時繳納財產稅，且政府為了防止住宅變成廢墟，針對管理不善的房屋會處以罰款，因此，房屋管理費用也不容小覷。這樣一來，持有不動產反而賺不到錢，導致市場上出現賠錢出售的待售物。與此相反，股票市場上仍然可以找到新成長標的，且也可以投資海外股票，這樣一來，不動產資產和金融資產的比例，自然而然就走向了先進國家型態。

　　韓國現在正處於投資組合的再平衡時機，開始偏向金融資產，原因來自於都市化已告一段落，加上經濟已進入成熟階段。韓國的都市化程度已達到成熟階段 80%，若都市化程度沒有進一步且急遽地上升，不動產價格難像過去一樣暴漲。目前韓國的不動產價格波動，不會偏離先進國家水準太多，韓國進入了以青年世代為中心的股票投資擴展初期。中國的都市化程度據說達到 60%，然而在中國不是每個人都能知道統計資訊，加上政府所公布的統計可信度不高，只能以適當的標準來推測。若都市化程度達 60% 的預測正確，還沒達到高度都市化的程度 80%，不動

產價格應會繼續上漲。然而普遍認為，中國已經達到路易斯拐點 Lewisian Turning Point，所以不會有開發年代時的不動產價格暴漲情形。越南目前的都市化程度預估只有 40% 左右，要達到 80% 還很遙遠，這也是為什麼投資海外不動產要投資越南的原因。當不動產資產的報酬率逐漸降低，替代方案就是股市。韓國的家庭金融資產比例增加，對於股票市場來說是利多，這代表需求的基礎將會穩固。目前比例在 20 至 30%，未來可成長至 40 至 50%，代表韓國的股票市場是具未來成長性的投資市場。

根深蒂固的韓國折價也將結束。韓國折價這個概念，令人聽了很不愉快，因為這是外資看低韓國股市的意思。談論韓國折價的理由大致有兩個，首先是南北之間的對峙情況。韓國是還沒有正式結束戰爭的國家，處於停戰而非終戰狀態，因為這個原因，過去只要北韓挑釁股價就會暴跌。但現在不一樣了，只要北韓又挑釁導致股價下跌，外資就會流入韓國股市逢低買進，不只外資，韓國人動作快的也不會錯過這樣的機會。換句話說，北韓風險已經不適用於韓國的股市了。第二則是公司治理，韓國企業存在所有權風險，由於專業經理人制不穩固，存在大股東和小股東之間不當的財富轉移問題。但在我看來，這不過也是藉口罷了。與專業經理人制相比，所有權制具有更容易推動長期畫、在公司遭遇緊急情況時能果斷決策之優點。此外，可防止專業經理人僅反映股東的意見，給予過度的股東報酬。其實外資也了解這些。過去為所有權制的韓國三星電子面對 iPhone 革命時，有智慧且有效率

地應對，然而專業經理人制的諾基亞 Nokia 卻讓出了原先全球第一的位置，淪落為無名公司。那麼，根本的問題是什麼呢？正是配息。韓國企業過去確實對於配息十分吝嗇。投資企業股票的終極目標在於配息，沒有會永遠存在的公司，若一點配息都不給，當公司就消失或倒閉股東就什麼也沒有了。所以，不論是什麼公司，都應該配息。在過去，韓國企業中，確實有許多企業即使已經進入事業成熟期，配息意願仍低，也導致其股價評價過低，然而現在的韓國企業也已逐步提高配息。雖然這也代表著，企業的新投資機會減少，但同時也象徵著企業經營開始注重股東權益。現在進入低利率時代，股票的配息已相當於銀行利息，以長期投資觀點來看，與其存在銀行，持有股票更有利的時代已來臨。

　　韓國股票市場展開了長期上升局面，長期平均本益比仍未超過 10 倍，但是現在開始，韓國的市場也會像美國一樣進入 20、30 倍本益比的時代。這是因為，第一，韓國經濟正轉變為創新型經濟。重工業時代的特徵，是勞動力與資本投入，會隨著生產力逐漸下降而面臨侷限。與此相反，韓國站在新技術的頂點，往創新經濟之體質轉換速度加快，不只是創新企業如雨後春筍般不斷出現，重工業也改變成創新企業。此外，韓國的企業在全球的企業併購也不落人後，藉由併購握有新領域、新技術的矽谷創新企業，帶動第二、第三波的成長。像這樣往創新企業的轉變，會帶動新成長，也會使韓國證券市場的本益比提高。第二，放眼可見長期低利率時代的來臨。我已在前面章節詳述過許多次，全球

的經濟體質正在改變，由現代貨幣理論所支配的世界至少還有 30 年，還可能會更久，市場上的流動性豐沛，資產價格也會上升。再加上，東學螞蟻們的投資組合再平衡，將會使股票市場的需求基礎變得更穩固，這樣看來，韓國的股票市場未來，並不黑暗。

東學vs西學，誰是贏家？

　　這名字取得也真妙。講東學螞蟻，就有種愛國的農民起義感覺。西學螞蟻們就像是充滿奶油香氣，不關心國家的命運，只追求自身利益的人，也有點賣國賊的感覺。但股票投資裡，哪裡有這些概念呢？這也不是在拯救國家，而且韓國的股票市場也不是需要被拯救的對象。事實上，正確來說，拯救了韓國的螞蟻是西學螞蟻。若僅從這種國粹主義觀感來看，韓國的股市一直被外資踐踏，從股票市場初期開始，就將韓國的股票納入投資組合，完完全全地吸取資本利得和配息。即使三星電子、現代汽車、SK海力士努力開拓全球市場，賺大錢，又有什麼用呢？ 50% 的資本利得與配息都被外資賺走了。當韓國面臨金融危機時，孤星基金 Lone Star Funds 在韓國市場又獲利了多少？這都是因為韓國的資本脆弱，才會有此遭遇。如今，西學螞蟻們去投資海外市場，尤其是針對當初金融危機時欺負韓國最兇的外資大本營，也就是美國紐約證券市場進行空襲，從美國最厲害的成長股如 Facebook、Apple、Amazon、Tesla 賺取資本利得。我們可以想想，這或許是

真正的愛國行為。

　　其實我不是那麼沉迷於這類國粹主義型的感傷主義。在資本市場上使用這類情緒性的用語本身就有些可笑。股票，本來就是個人為了最大化自己的投資報酬而選擇標的，並不是完完全全地明顯區分東學與西學，僅僅是以投資韓國股票或外國股票的觀點，使用東學、西學這樣的名稱。先說東學。如先前所說，韓國從資產投資組合再平衡的觀點來看，股票市場預期將會進一步上漲。當然，這不會一天早上起來就突然達成，而是漸漸地轉換成先進國家型的投資組合。那從韓國經濟的成長性觀點來看呢？在導出結論以前，我們要先檢視韓國的經濟成長潛力。股票市場，是一國的經濟集合體。預估韓國的經濟潛在成長率會下跌至 2% 左右，現在已經無法期待會出現如過去的經濟高成長，潛在成長率下跌，是很自然的事情，這代表著韓國的經濟已達成熟狀態。然而，要將兩件事銘記在心。一，勞動的成長貢獻度已轉向為負，這是隨著人口進入減少局面，無法避免的部分。二，不過資本與總要素生產力合計仍維持在 3% 水準。勞動的貢獻度為負這點，是有些可惜，潛在成長率代表著韓國股票轉變成配息股，雖然成長率下跌，然而若追求穩定配息的股票，東學很適合。韓國的股票，已經開始轉變成配息股，交易所成為重心，這樣的趨勢早已越來越明顯。因比起銀行利息報酬率高出許多，東學市場，是可同時享有配息與股價上漲的市場。

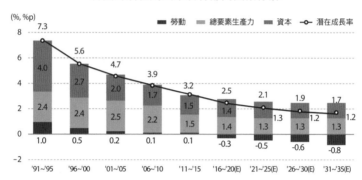

韓國的潛在成長率及各部門因素分解

(%, %p)　　　■ 勞動　　■ 總要素生產力　　■ 資本　　◦ 潛在成長率

資料：韓國銀行（業績成長率），現在經濟研究院（潛在成長率估值）

　　接著談西學。西學的部分，從成長性來看非常好。西學的優
點在於可選擇全球各地最具成長性的標的組成投資組合，如不看
成長性，東學是更有利的。海外其他國家的配息股與韓國的配息
股差異性逐漸消失，這樣一來，韓國人可以便利地在韓國交易所
投資的標的這麼多，何必要去海外其他市場。因此，西學必須從
成長股的觀點來看投資組合。那麼，西學市場要看哪裡呢？可以
將中國、美國以及新興國家分開來看。先來比較中國與美國，哪
裡更好呢？一定是美國。如果是相同的價格，那麼選擇購買美國
股票的理由有一千個，幾乎沒有任何理由要購買中國股票。最重
要的是，中國和美國在成長的質量層面上有所不同。中國一直以
來是依靠著廉價勞動力成長起來的，工業化的過程當中，不斷地
經歷農村解體、農民工流入大都市，是中國企業具有競爭力的來
源。然而現在，中國也已經過了路易斯拐點。路易斯拐點是 1979

年諾貝爾獎得獎者威廉‧阿瑟‧路易斯 William Arthur Lewis, 1915-1991 來命名的，他主張在經濟開發初期，隨著農村解體所帶來的勞動力供給，會在勞工開始紛紛要求提升薪資時結束。美國在 1900 年代時經歷這過程，韓國則是在 1970 年代後期至 1980 年代初期。中國自 2004 年起，東部沿海地區開始出現農民工不足的情形，也導致各界爭論，中國是否已過路易斯拐點。保羅‧克魯曼 Paul Robin Krugman 認為中國已經過了路易斯拐點，未來難以維持高成長，然而也有學者認為，中國尚未通過路易斯拐點，這是在 2004 年引起許多爭論的議題。不過在進入 2010 年代後，已開始出現確切的證據，顯示中國已通過路易斯拐點。正是原先選擇在中國設廠，利用其低廉勞動力的企業，紛紛開始移往越南等其他國家。

更明顯的趨勢出現在美國及日本的企業，這些企業開始回歸本土。在日本，這個現象被稱為 U-turn，美國則以離岸外包 offshoring 的相反稱呼，稱為 reshoring。與其從美國出口原物料至中國，在中國製造，再將完成品運回美國，直接在美國本土生產更具競爭力，這表示中國的人工費不再便宜。一個國家的經濟，是否已通過路易斯拐點，不只具有經濟層面上的意義，在政治層面上也具有相當大的意義。從經濟角度來談論時，路易斯拐點的另一個名字是中等收入陷阱。新興國家在經濟發展過程，會經歷兩種陷阱。一個是貧窮陷阱 Poverty Trap，另一個是中等收入陷阱 Middle Income Trap。貧窮陷阱，是指經濟內部所累積的絕對資本不足，使得國家無法脫離貧窮狀態，指的是在人力、物力以及技術資本

等方面都極度貧乏的狀況。簡單來說，因為沒有食物，只能吃光全部的種子，導致下一年沒有播種的種子。而過了貧窮陷阱後，還有中等收入陷阱等著。當一個國家過了絕對貧窮往中等收入的轉變過程中，累積了各式各樣的社會問題，以及跟不上經濟發展速度的落後政治體制而無法成為先進國家，長久停在中等收入國家階段，這樣的情形出現在南美洲部分國家。通過路易斯拐點，代表著已經過了貧窮陷阱，當脫離了絕對貧窮，對於解決相對貧窮問題的要求會越來越多。中國的兩極化現象，相較於其他國家更加嚴重，農民工只能拿最低生活費，相反地企業主卻擁有數十兆人民幣的財產，問題在於這個現象與中國的政治體制相吻合，國有企業的問題、共產黨幹部與企業的官商勾結關係，比任何其他國家都要嚴重。因此，從這點來看，中國的兩極化問題不是一個能簡單跳過的問題，再加上國家主義、極權主義型的國家治理結構，也會成為問題。

在差不多時間點，韓國也曾經歷類似的問題。發生在 1979 年 8 月 9 日至 8 月 11 日的 YH 貿易事件，是證明韓國已經通過路易斯拐點的案例。這也是金泳三總統的名言：「即使雞的脖子歪了不叫，黎明還是會到來。」1970 年代後期，韓國的人工費用急速上漲，假髮、成衣、鞋、紡織等勞動密集型產業夕陽化，導致 YH 貿易也面臨倒閉的命運。在此過程當中，企業主非法騙取公司資金並逃往美國，倒閉的公司裡只剩下負責生產職的女性勞工，他們在當時的第一大在野黨新民黨大樓舉行靜坐示威，其中一位

示威者勞工金慶淑墜樓死亡。對於這起死亡事件，警察偽造該勞工為跳樓自殺，然而在後續的調查中發現，該勞工是因為警察的強制鎮壓而墜樓死亡。該事件後來成為當時國會議員金泳三被國會除名風波、釜馬民主抗爭、10.26 事件朴正熙遇刺案等一連串致朴正熙政權終結之事件導火線。經濟可以快速成長，然而社會的發展無法跳級，社會要發展，必須經歷每一個階段才可以。中國現在已過了路易斯拐點。經濟發展快速，社會的發展必須跟上、政治體制也要改變。一般來說，過了路易斯拐點的社會，人民會開始要求民主化。韓國也是，YH 貿易事件是使得朴正熙獨裁政權沒落的導火線。當過了仰賴低廉勞動力成長的階段後，就必須實行創新經濟，創新經濟的根基，在於展現個人的創意。在以規範為主的整齊劃一的社會，沒有誕生個人的創意的空間，要實現個人的創意，必須要先民主化與自由化，民主化與自由化的趨勢，是社會能由模仿經濟進展到創新經濟的基礎。中國的民間市場，已經準備好進展到創新經濟，然而從香港抗爭事件以及馬雲的螞蟻集團事件來看，中國政府與共產黨還未做好走向創新經濟的準備。中國的經濟要轉型為創新經濟不容易，而還有很多國家可以取代中國的廉價勞動力，越南正在崛起，下一代的印度也開始浮出檯面，東歐國家也可充分取代此角色。中國的未來，正被薪資上漲及資本邊際效率低落這座萬里長城所阻擋。中國能不能跨越這座萬里長城，成為先進國家呢？

　　與此相反，美國是不斷創新的國家。個人的想像力與創意不

斷，每天誕生新的創新企業。微軟的董事長比爾蓋茲最害怕的競爭對手，不是 Apple、Google、Amazon 或 Facebook，他害怕的是在加州某個住家車庫裡熬著夜的未來創新企業家。再加上過去百年來，以全球第一的經濟實力投注於研究、開發的創新企業不勝枚舉。要找創新企業，就要看 NASDAQ 市場。挖掘新的特斯拉、新的 Facebook、新的 Amazon，是尋找真正的成長股之路。然而西學投資有幾項潛在的風險。第一，資訊的不對稱性。在韓國，可以即時地得到韓國企業的資訊。從企業的分析報告到各種輿論新聞、YouTube，能透過各種媒體輕易且即時地獲得所有想要的資訊。與此相反，對於獲取美國的資訊，我們必然是落後於美國的，不容易迅速取得統計、會計、分析資料及各種即時新聞，導致在買賣時機上判斷較慢。尤其是出現像 Nikola[34] 這樣突然的利空，必須盡快逃離市場時，即使只是慢了一拍，損失的規模也會天差地別。第二，可能面臨匯率波動風險。西學的個別標的投資，無法避免暴露於匯率波動風險之中。從個人角度來說，迴避匯率波動的費用太貴了，若匯率能夠補貼獲利很好，然而若匯率反而吃掉獲利，則比起風險，投資報酬可能不夠充分。

關於選擇西學投資的買進時機，我想補充一個方法，可以從美國恐慌指數之稱的 S&P 500 VIX 來看，就比較容易選擇買進時機。如果把投資比喻為爬上恐懼之牆，那麼利用恐慌指數來選擇

---

34 零排放汽車公司，該公司涉嫌誇大電動卡車測試結果以及測試影片內容詐欺。

買進時機，則可視為教科書。讓我們來看看 1990 年以後的恐慌指數變化，1990 至 1991 年恐慌指數暴漲，源自於美國儲貸合作社 Savings & Loans 的虧損。儲貸合作社問題並未形成全球性的經濟危機，只是在美國國內出現，但對美國而言，規模已大至可比擬次貸危機，當時新自由主義的全球版本仍未完成，因此危機只在美國範圍內。接著是 1998 年，面臨了金融危機骨牌效應，在包含韓國、東南亞各國、俄羅斯、南美洲國家等紛紛要求延期償付後，骨牌效應危機解除。美國相對來說沒有受此次危機影響，這是因為美國經濟過熱，不得不急遽升息，這造成其他國家的金融危機，危機國以外的先進國家，經濟相對來說穩定。再接著，是 2001 年的 911 恐怖攻擊。911 恐怖攻擊當時，恐慌指數雖低，但實際上是因為證券市場連續三日停止交易，因此沒有恐慌指數。要是當時交易持續，說不定恐慌指數會達到 100。之後在 2000 年代初期，網際網路泡沫崩潰與安隆公司的會計假帳醜聞，養大了金融市場的恐慌情緒，市場波動性大約在稍微超出 40 左右。然後在 2008 年，爆發了次貸危機。恐慌指數超越了 80，可明顯看出市場有多恐慌。2011 至 2012 年，則是次貸危機的餘波：歐洲財政危機。2019 年則是面臨 Covid-19 大流行危機。股票的買進時機，在於爆發經濟危機時，不動產也一樣，沒有人能預測股票的合理價值，在沒有人能知道明天會發生什麼事情，如履薄冰的股票市場上，我們能夠放心投資，就是在低價時，逢低就能買進。因為危機使得恐慌指數上升，在不確定性轉化為風險的時機，也就是股票市場開始

回穩的時候，就是買進時機，這就是所謂的在膝蓋時買進。賣出的時機會隨著狀況不同而有所變化，應以利率為基準來判斷，但如果是在這時買進的話，一般來說不會再跌到這個價格了，就不會為了買在高點而煩惱。

S&P500 VIX 指數變化

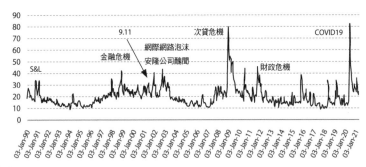

資料：investing.com

　　另外，還需要考慮韓元匯率這一點。若在股市裡賺的錢都被匯率給吃掉，那就沒必要進行西學投資。若東學投資就能在計入風險的情況下有一定的報酬率的話，就沒有理由進行西學投資。過去每當發生全球經濟危機，總會出現韓元匯率上升，韓元貶值的現象，但我希望大家了解並參考，未來這個趨勢可能會不一樣。目前，韓元已經到了轉變為全球安全資產的轉折點。在面臨全球經濟危機時，日圓反而會走強，是因為海外的投資資產反而會回流日本國內，隨著美元的快速流入，使得日圓走強，這是日圓被視為安全資產的重要原因。因此，隨著韓國的海外投資資產逐漸

增加，未來當出現經濟危機時，韓元走強的可能性加大，這是西學螞蟻們的功勞。雖然目前還沒出現這樣的趨勢，然而可能性已加大許多。若是未來出現這樣的趨勢，當發生全球經濟危機時，就要買進海外股票。韓元走強，加上海外股票股價走弱，獲利的大好機會將會來臨。

第 **5** 章

美股在泡沫中是機會

泡沫、泡沫崩潰與崩潰後

　　現在正處於泡沫像要破掉前不斷膨脹的區間，持續上漲的理由也十分多樣化。假設現在要去高爾夫球場，然而在開始打球之前，就開始出現「今天不能打高爾夫的一萬個理由」。「因為無法練習」，還算是十分合理的理由，「身體不舒服」也是常見的說法，也有混合這兩種理由的，像是「最近都沒有時間練習，所以昨天晚上在練習場練了 3 個小時，所以全身都不舒服」。一般來說，聽到這種話的對手可能會裝作沒聽見，或是拿出更強力的理由來壓制對方，但內心通常會想「生病不舒服的傢伙，為什麼要來打高爾夫球？」股票市場也一樣。在上漲的時候，會出現一萬種不得不上漲的理由，下跌的時候，也會有一萬種不得不下跌的理由。甚至還會因為一樣的理由上漲與下跌。在泡沫的時代，名為泡沫的報告，會帶來更大的泡沫，甚至出現暴漲。

　　2021 年 1 月，美國股市曾經發生這種事情。對散戶投資者來說，共同的敵人為賣空，在手上沒有股票的情況下大量拋售股票，並在股價暴跌時買進股票償還，就是賣空。賣空原先的正向目的，是施加拋售壓力於評價過高的股票，使其維持在合理股價。而賣空的風險在於，若賣空的股票股價大幅上漲，賣空者就會遭受巨大的損失。這次成為箭靶的股票，是遊戲零售連鎖商遊戲驛站 GameStop，GME，近年來每年損失達 2,000 億韓元，香櫞研究公司 Citron Research 與梅爾文資本 Melvin Capital 等的對沖基金與散戶投

資人，就此展開了正面對決。香櫞研究公司在去年曾出具 Nikola 評價高估之研究報告，更之前則是特斯拉，是賣空的先鋒，也是散戶投資人的共同敵人。散戶們在論壇 Reddit 的華爾街賭場討論版上同仇敵愾，香櫞研究公司持續賣空，且聲稱將現場直播遊戲驛站股票評價過高的理由，從這時開始，散戶們大舉買進，受驚嚇的香櫞研究公司取消了直播。當然，香櫞研究公司沒有漏掉對金融當局喊話，應該對散戶投資者們進行調查。往戰爭火上加油的也有名人，像是特斯拉的伊隆‧馬斯克 Elon Musk。他應是想起過去該研究公司對特斯拉股價的低評價以及賣空的經驗，使得部分股東控告伊隆‧馬斯克。這天暴漲 92.7% 的遊戲驛站股價，隔天再度暴漲 134.8%，使得梅爾文資本的損失達到 125 億美元。隔天暴跌 44.3%，接著又暴漲 67.9%。遊戲驛站的股票光是在 2021 年 1 月就暴漲了 1,700% 以上，這不是泡沫，什麼才是泡沫呢？也或許，我們現在所有的資產，都面臨著這樣的泡沫。然而就我所理解，歷史上所有的泡沫最終都會破掉。現在看起來像是散戶投資者贏了，然而有一天會有人攬下泡沫，並隨著泡沫一起爆炸。泡沫在走向崩潰的過程，會發生什麼事情呢？隨著美國升息，原先流向全球的美元為了獲得更高的獲利，180 度大轉彎回到美國。美元的回流，就意味著著原先美元所在的市場沒落。若美元想回流美國，不論是股票、債券、不動產，都必須要出售才有辦法回流。我至今還清楚地記得，在 1997 年末，韓國接受 IMF 協議進行經濟改革時，股價和不動產情況變得如何，受此衝擊的企業又

是如何，以及一般人失業後的情況，而且這個後遺症超乎想像。已經明確知道會有這樣的狀況的各國，為了阻止美元回流，將會用比美國更快的速度上調利率，努力留住美元。在韓國，上調利率勢必會最先對不動產造成衝擊，要是貸款利率不斷上升，拚了命買下的不動產貸款就會非常苦惱，只靠月薪不知能否負擔利息，當然股市也一樣，若開始看出資金流出的徵兆，就會無情地崩盤。

泡沫會像氣球破掉一樣瞬間崩潰。需要特別注意的是，如果以 2020 年 Covid-19 所引起的暴跌和暴漲為鑑採取行動，那麼可能就會陷入很長一段時間的泥淖，走向失敗。因為美元回流美國，不代表美國就是安全的。美國預期也會受到相當程度的衝擊，尤其是股票市場。然而美國的家庭負債結構不像韓國偏重於不動產，且在 2008 年以後，不動產的不良情況也大部分已經消除，因此與其他國家相比，升息的打擊會小一些。現在重要的是股票市場會跌到何時、跌到多深，還有何時會開始反彈。雖然這件事沒人能猜得準，然而至少我們可以知道，若持續升息且持續高利率，則下跌不會停止，而且後遺症將會持續地比次貸危機時更長，折磨大家更久。現在已是派對結束，食物不能再吃的情況了，接下來 10 年，也可能不會再有派對。想在投資上成功，能讀懂經濟的眼光最重要，接著是找出最屬害的市場與投資處，最後則是判斷現在是進場或是出場的時機。若這三項都具備，且耐得住時間，才會有收穫。

在時間的遊戲中獲勝的方法

　　我在另一本書《錢的秘密》（暫譯）中提到，金錢就是時間，時間換句話說就是人生。我們大部分人，生活地像是不知道人生有多少時間，用從人生拿取的時間來工作換錢。因此，如果錢多就不用花時間工作，工作就成了選擇。錢多的話，就不用從人生拿取的時間工作，可以做自己想做的事情。想想一般的上班族吧，大部分與公司約定一天工作 8 小時換取金錢，根據收取工資的方法與合約期限，以週薪、月薪或年薪的形式簽訂合約。雖然 8 小時是一天的三分之一，然而加上通勤時間以及準備的時間，大部分會接近 12 小時，這樣一來，一天用在工作上的時間就是一半。一天的一半，也就是將人生的一半用在工作上，換取的代價為月薪或年薪，這就是錢以及錢的意義。到頭來，資本主義就是給予所有人「時間」這樣道具，利用這樣道具來賺錢及交換的遊戲。然而「使用自己的時間賺錢的方法」，從獲利的層面來看，每個人的差距很大，且要克服這樣的差距並不容易。不論是自己創業，或是上班族，雖然想在同樣的時間賺取更多的錢，但那需要極大的努力。加上也不是努力就保證可以賺更多錢，創業者總是有外在的變數與競爭者；上班族的時間的價值不由自己決定，而是由雇主所決定，所以無法隨自己的意思調整。若認為自己時間的價值沒有得到相符的認可，就要尋找其他工作，或是更努力積極地凸顯自己的價值。即使如此，適用於所有人的「退休」是無可避

免的。退休，簡單來說就代表自己時間的價值幾乎趨近於零。退休以後，大部分的人已沒有辦法「利用自己的時間來賺錢」，即使有辦法，價值也會下跌。

　　那麼，我們要怎麼從「以自己的能力花自己的時間賺錢的方法」中逃脫呢？我們必須併行「投資資本主義社會所經營的體系來賺錢」。若只是「利用自己的時間賺錢並存錢」，那就只能在自己能力的範圍內賺錢。這樣一來，不只沒辦法快速賺錢，能力不足的人一生都無法擺脫錢不夠的束縛。因此，不論自身的能力如何，若想快速賺錢就要賺將來的錢，投資在資本主義體系中最安全且最具成長性的地方。具代表性的方法有：投資原物料、投資不動產、投資企業。投資原物料的方法非常地多樣化，從原油到金屬、穀物、畜產品，其中價格持續穩定上升的原物料是金，金年平均成長7%，若以年平均成長7%複利來算，10年後價格就會變成兩倍。不動產部分，以英國為基準，在過去1,200年來，以先進國家留下的紀錄來看，300年來年平均成長10.2%。以這樣的複利成長來看，只要7年，價格就會翻倍。投資企業的方法分為股票與債券。債券，是在一定期間內借錢給企業獲得利息收入。股票則是投資企業，從企業配息以及股價上漲來獲利。然而，若想拿到配息或是股價上漲，企業必須獲利，企業要持續獲利，就必須持續成長。但是這在充滿競爭的21世紀，並不容易。因此，投資企業的方法並不容易。但是，隨著金融工程學的發展，挑選最優秀的企業，以特定條件組合並消除風險來投資的方法，

在 30 年前就在美國出現並被使用。利用這個投資方法，就能將最優秀的企業放進投資組合中，並從這些企業的年平均成長率獲利並獲得配息。這個投資方法稱為指數股票型基金 ETF Exchange Traded Fund，這樣的基金可像股票一樣交易。

　　既然找到了指數股票型基金這樣的投資方法，那要怎麼在投資遊戲中，贏過其他投資人呢？這個遊戲的重點在於，它是長時間的遊戲。在人生的下半場，當自己無法再工作了，也就是自己的時間價值為零的時候，將以能獲得多少的投資報酬來評價。想要透藉此獲得豐碩的報酬，必須考慮幾點。第一，因為時間就是金錢，想在長期投資中獲勝，必須在時間的前期投資許多金錢。這句話的意思是，假設總共有 2 億韓元，分成 2 千萬韓元、3 千萬韓元、5 千萬韓元、1 億元共 5 筆，每 2 年投資一次，總共投資 10 年。若市場的年平均報酬率可達到 10%，想獲得最豐盛的報酬時，應該如何排列順序呢？這個完全不需要計算，先從大筆的錢開始投資起。最先投資 1 億韓元，2 年後投資 5 千萬韓元，再過 2 年再投資 3 千萬韓元，最後投入 2 千萬韓元。這裡所提及的投資意義，年輕人們一定要牢記。因為收入少，所以覺得現在先把錢拿來用，以後有閒錢再投資的話，可以投資的錢與放大錢的時間都將會消失。必須改變成先存一筆來投資剩下的錢再拿來花的觀念。第二，必須盡可能地消除存在於市場的兩種風險。一種風險是市場像泡沫崩潰般崩盤時，該如何從風險中逃脫。在這種時候，不論投資哪一家企業，崩盤的機率都很高。另一種，則是當投資

的標的財報惡化，投資價值消失的時候。對於後者，指數股票型基金大多採用的是追蹤指數型，因此只要選擇商品，就能免除風險。然而前者的情況，如同我前面不斷說明的，難以察覺也不容易避免。察覺、判斷並找出應對的方法是各自的責任，希望各位能在這本書中發現那 0.1% 的秘訣。

贏家才懂的市場之道

要怎麼看出企業的成功機率，投資在它們的未來呢？首先，我們假設企業是學生，學生努力讀書一年下來所成長的程度，是企業的年成長率。接著，將學生依成績分成三組。第 1 名到第 50 名是上級組，51 名到 200 名是中級組，201 名到 400 名是下級組。平均來說，預估知識成長最多的會是哪一組呢？當然是上級組。企業也是相同，中級組的業績要超越上級組，幾乎是不可能的。將這些組別代換成市場的話，各位會想投資在哪一個市場呢？上級組中的最上級組——全球最佳的企業所聚集的市場，也就是美國市場。當然，美國是全球最佳的市場，不代表市場上所有的企業都是全球最佳。所以，必須在美國市場上選擇，只投資最好的企業。指數股票型基金就是以這樣的方法為基礎，搭配多樣化的組成來設定並運作。S&P 500 指數，又稱標準普爾 500 指數 Standard & Poor's 500 Index，是美國的標準普爾公司，基於企業的規模與流動性所選出的 500 個成分股之股價指數，是最常被使用的

美國股市指標。成分股是從紐約證交所與 NASDAQ 上市股票中選定，由 400 支工業股、40 支金融股、40 支公用事業股及 20 支運輸股所組成。指數以 1941 至 1943 年的平均市值總額為基準算出指數。因為是以市值總額為基準來算出指數，大規模企業的波動性更能反映於指數，可說是最能反映美國股市的代表性指標。然而，列入指數計算的 500 支成分股中，若有未能滿足計算基準的股票，則會以其他股票取代。就像某個學生若是成績掉出 50 名以外，就會被排除在上級組一樣，若某家企業的財報惡化，導致其條件無法滿足，就會從 S&P 500 企業中剔除。這樣一來，會發生什麼事情呢？ S&P 500 指數若沒有受到極大的經濟變數影響，就會持續地向上成長。1993 年，以與 S&P 500 指數相同的計算方法來組成成分股，複製 S&P 500 指數的指數股票型基金 SPYSPDR S&P500 ETF 上市。1999 年，追蹤 NASDAQ 100 指數的指數股票型基金 QQQ Invesco QQQ Trust 上市。2004 年，以基金管理公司領航投資集團 Vanguard 為代表的產業型指數股票型基金上市。2009 年以後，如只挑選高配息等特定條件的股票來組成的 Smart Beta 型，或是調整個別成分股的投資比重以提高報酬率的 Active 型指數股票型基金也紛紛上市。這些是第三代的指數股票型基金。如今，利用人工智慧來分析數據，以決定投資標的的指數股票型基金也上市了。這類的指數股票型基金，正往最小化個別標的的風險、最大化報酬率的方向持續進化。這個方法，是只將贏家留在市場上，不斷地降低風險。

SPY 成分股比重 範例

順序	標的	比重	編入	順序	標的	比重	編入
001	Apple	6.50%	6.50%	(略)			
002	Microsoft	5.23%	5.23%				
003	Amazon	4.33%	4.33%				
004	Facebook	2.19%	2.19%				
005	Alphabet A	1.74%	1.74%				

資料：2020 年 12 月中旬的 SPY 成分股比重

　　那麼，我們必須了解，像是 SPY 這樣的指數股票型基金是如何運作，在降低風險的同時追蹤 S&P 500 指數。SPY 與 S&P 500 指數不同，它總共大約有 504 支成分股，依照市場上的市值總額比例，如購買一般股票的方式來運作。個別股票的市值總額每天會變動，因此會在特定的時點，調整投資比例，若與指數有所偏離，也會在一定的時間校正。若上表中的成分股 D 被淘汰，要編入新的成分股時，會依照新成分股的市值總額比重，如同買進一般股票一樣列入。比如說，A 這支成分股的財報不斷惡化，導致股價下跌，從 250 名開始一步步掉到 500 名、505 名的話，該成分股的占比就會隨之持續減少，當掉到 505 名時，占比就為 0。在這樣的結構下，個別企業的財報表現對整體的影響，風險可視為趨近於零。這是以最安全的方式投資目標市場，也是能盡可能提高預期報酬率的方法。

SPY, QQQ 股價圖

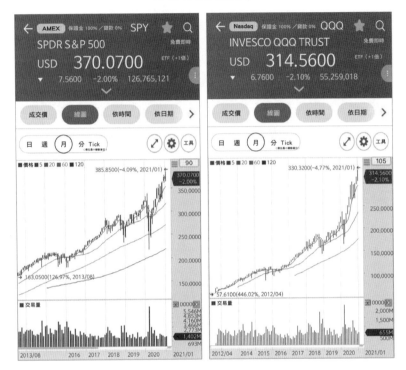

全世界前 10% 的個人與企業，資產每年平均增值 10%，前 1% 的人資產平均增值 12%，前 0.1% 的人資產平均增值 15%。S&P 500 企業是以在先進國家上市的企業為基準，可視為前 1% 的企業。這些企業近 20 年來的年平均成長率達到 12%。換句話說，若是長期投資如追蹤 S&P 500 指數的 SPY 指數股票型基金長達 10 年以上，就能達到年平均 12% 的報酬。年平均 12% 的報酬率，包含了 2008 年發生次貸危機及 2011 年的歐洲財政危機等等。那麼

10%、12% 的成長，長期下來會有什麼結果呢？若是像金子，每年平均成長 7%，10 年下來資產變 2 倍，若是報酬率為 10% 的話，資產翻倍時間需要 7 年；12% 的話需要 6 年；15% 的話則不到 5 年。QQQ 的年平均成長率為 15%，近 5 年來更是遠超過 15%。如果能避免如現在面臨崩潰的「三重泡沫」危機，那會如何呢？即使不能完全地避免，但能把危機減少到一半，情況又會如何？或是完全地避開泡沫崩潰危機，並利用其為壯大資產的機會，又會如何呢？

　　首先，若能從過去的危機中了解美元、不動產、股市市場，就能大幅減少泡沫崩潰時的衝擊。尤其，若能意識到三重泡沫大約何時會崩潰，以及可能會出現的狀況，就能事前針對幾項建立標準，有所準備。第一，何時該減少資產，保留更多現金。其實這次的泡沫崩潰導火線，可說是由美國聯準會所掌握著。如果聯準會對於適度的通貨膨脹從「容忍」轉變為「警告」，或是暗示要升息，就應視為已點燃了導火線。第二，賣出資產所得之現金，應以哪一種幣值留存。這可以說是早有固定答案了。全世界都押美元的時候，當然應該持有美元。即使泡沫崩潰，相較於其他國家，美國市場受到的衝擊會較小。因此，當泡沫越大，越來越接近崩潰的時候，就必須持有美元資產來減少衝擊。這是因為即使美國市場也隨之崩潰，美元價值仍會上漲，在一定程度上可抵禦價值下跌。第三，何時要再回歸資產市場。這個問題十分困難，這是因為，可以確定的是三重泡沫將帶來的衝擊規模，是無法在

一至兩年內恢復的。但這不代表，一切都無法恢復。未來具成長性的產業，將會再次開始成長，若投資於這類產業，可期待獲得高報酬。

高手投資的是10年後的未來

　　10 年後、20 年後仍會持續成長，使地球與人類的生活產生變化的產業有哪些呢？像這樣找出持續成長的產業，投資類股，或是投資指數股票型基金，就能創造最明確的未來。在我看來，有三大類股是這樣的產業。此外，還有一個產業，是已經開始成長，且在不遠的未來就會以極快的速度成長。已經具備成長爆發力之三大產業，分別是生技醫療保健產業、人工智慧與機器人產業，以及物聯網與通訊產業。而現在已開始成長的產業則是太空產業。即使到了 2030 年、2040 年，財報仍會表現亮眼的企業，是生技醫療保健企業。生技醫療保健企業，可大致分為三種。第一種，目標在於不斷延長人類壽命，從根本阻斷疾病，具有最先進技術的生技企業，第二種，研發範圍從單純的治療藥物，至達到預防效果的疫苗之製藥企業。最後一種，則是與上述兩種合作創造市場，管理個人生活的保險企業。OECD 也出具了標題為《2030 年，由生物技術主導的生技經濟將嶄露頭角》之報告。在 2020 年的 Covid-19 危機中，全球的生技醫療保健企業，創造了什麼樣的成果，我們從新聞就可以得知。像嬌生 Johnson & Johnson、阿

諾瓦瓦克斯、莫德納股價圖

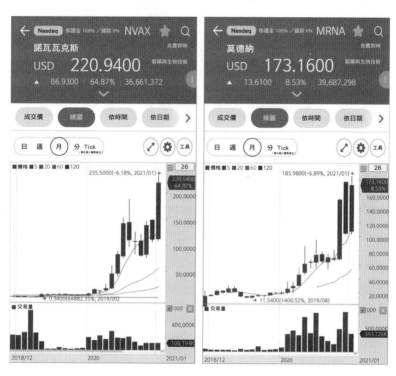

斯特捷利康 Astra Zeneca 這些製藥廠，是我們先前就很熟悉的名字，然而像是諾瓦瓦克斯 Novavax、莫德納 Moderna，雖然現在大家都知道了，但是在一年前卻是沒什麼人知道的企業。

諾瓦瓦克斯的股價在 2020 年 1 月 2 日時不過才 4.5 美元，莫德納則是 19.2 美元。然而這兩家企業，隨著它們成功搶先研發出疫苗，且處於領先地位，股價隨之暴漲。諾瓦瓦克斯的股價上漲至 189.4 美元，莫德納則是 178.5 美元。現在來看它們的股價，反

倒會認為這是必然的結果。全球都在搶著下訂疫苗，供不應求。若想投資生技醫療保健產業，不需要費心去挖掘像這樣的標的，投資已經涵蓋大部分這類標的的指數股票型基金就好了。這邊列出幾個值得關注的指數股票型基金，首先是涵蓋了大部分我們所知道的創新製藥生技企業的納斯達克生技指數 IBB iShares Nasdaq Biotechnology Index Fund，它包含了 2020 年成長最多的莫德納、生技領域全球第一的安進 Amgen、流感病毒抑制劑克流感 Tamiflu，和研發出全球最早的 Covid-19 治療劑瑞德西韋 Remdesivir 的吉利德 Gilead Science 等 208 家強大的公司。另一個則是 SPDR 標普生技指數股票型基金 XBI SPDR S&P Biotech ETF，這支基金共有 134 支生技成分股，每支成分股的平均比重為 0.7%，是一支等權重指數股票型基金，含有伊諾維奧 Inovio 及諾瓦瓦克斯這些優秀的企業，且各成分股比重相似，隨著這些創新企業的爆發性成長，輪流拉高股價。現在，應該可以了解諾瓦瓦克斯股價是如何反映在 XBI 的績效上了。最後要介紹的是 ARK 生物基因科技革新主動型指數股票型基金 ARKG，ARK Genomic Revolution Multi-sector ETF。方舟投資 ARK Invest 所營運的該指數股票型基金，是投資基因研究企業，也就是基因體企業的革新指數股票型基金，由掌握如標靶治療、幹細胞、分子診斷技術等等的 40 家頂尖基因體革新企業所組成。方舟投資因為證明了在由人工智慧或程式所掌握的金融市場上，由人類親自操作可獲得更高的報酬，而名聲大噪。

　　人類的歷史約有 20 萬年。在這 20 萬年中，95% 的時間人

類生活在史前時代，只有 13,000 年是屬於歷史時代。而且在這
13,000 年中的 98% 時間裡，人類只使用人力與畜力，直到 300 年
前才出現了工業革命，開始大規模地使用能源。1750 年代的工業
革命，是源自於使用內燃機這一樣機械裝置，得以脫離人力和畜
力，大規模使用能源，是人類歷史上首次的革命。工業革命活用
能源，得以大量生產，以及將產品送往更遠的地區。接著在 18 世
紀末出現了新技術，以電力傳送能源，使電力可供大規模使用，
工業革命更上一層樓。在當時，從直接使用碳、石油這類的碳能
源於內燃機，到轉變為電力，這是如工業革命一樣重要的劃時代
的大事。到目前為止，大部分的汽車還是以內燃機來發動，從現
在電動車才正開始要普及這點來看，就可以了解為什麼人們會如
此關注電動車題材。接著還有可以遠距離傳送電力，以及連接各
種機械裝置，以電力發動的設備。此外，電力變成了可以儲存的
能源，能夠更加有效率地使用。看到這裡應該可以理解，為什麼
如今以再生能源而非碳來生產電力的方式、電動車或是電池產業
會受到矚目。然而，使用最多電力能源的是工廠，而電力是這些
工廠逐漸取代人力的人工智慧以及機器人的能源。

想要了解什麼是人工智慧，要先了解什麼是電腦。在《2040
DIVIDED》一書中，詳述了 1940 年代出現的電腦，如何使知識
的儲存與運用產生了重大的變化。過去在沒有語言的石器時代，
佔據人類歷史95%的19萬年，人們是如何生活、學習了什麼知識，
只能以洞穴壁畫的形式流傳下來。接著，隨著語言的發達，開始

可以透過口語的傳承，再發展至以文字來記錄，形成有系統地紀錄知識的書。印刷術逐漸發達，書可觸及的範圍更廣了，給更多人帶來更多新知識。書籍的普及，就代表著知識的普及以及累績。1940 年代所製造的電腦，在儲存、運算及找出特定知識的功能上，難以斷定比書本有更大的優勢。然而到了 1960 年代，將電腦連結的網路誕生，連結到網路的知識就能夠及時利用了。進入 2000 年代，狀況又有了急遽的變化。所有的東西都利用電腦、所有的東西都連結到網際網路。現在即使正在走路，身上帶的智慧型手機也連結到網路。在這樣的連結狀態下，隨著搜尋引擎的出現，其他人的所有知識與我的知識開始融合。而且隨著自動像人一樣，幫忙搜尋必要的知識並懂得學習解決問題的人工智慧出現，人們進入了知識爆發成長並融合的漩渦之中。

　　自動化工廠是結合了人工智慧、機器人、感測器、物聯網、物流、建築等許多領域而成的，領頭國家是已投資研究自動化工廠超過 20 年的德國。自動化工廠利用精密連結物聯網與感測器的系統，以人工智能來管理機器人，這樣的工廠利用物聯網、感測器、機器人、人工智能來運作，幾乎不需要人力。要設計這樣的工廠並實際運作，需要許多企業合作。舉例來說，IBM 設計了將工廠以人工智慧驅動的「虛擬運作系統」，德國的全球第一機器人企業庫卡 Kuka 負責製造工業用機器人，日本的基恩斯 Keyenc 設計感測器與量測設備，由這些企業一起合作建設自動化工廠。全球的工廠已經進入了競相自動化的階段，相關產業也開始有爆發

性的成長。那麼，投資未來將取代人類工作，看似會無止盡地成長的「人工智慧與機器人」產業的方法有什麼呢？如前面所說明的，這個產業並不是由單一企業或單一國家能獨立領導的領域，因此只要投資囊括了全球握有最頂尖技術的企業的指數股票型基金就可以了。

BOTZ、ROBO 股價圖

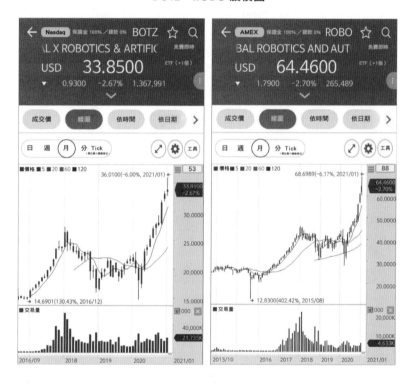

　　在這之中，Global X 機器人與人工智慧指數股票型基金
BOTZ，Global X Robotics & Artificial Intelligence ETF 最為突出。
BOTZ 的各國成分股比例，日本約占 48%，美國 32%，瑞士
10%。主要由機器人與自動化技術、感測器類的企業所組成，程
式、軟體等相關技術企業也包含在內。另外，還有與 BOTZ 類似，
然而美國企業佔比較多 (約為 45%)，各成分股比重相似，約在
1 至 2% 的全球機器人與自動化指數股票型基金 ROBO，ROBO
Global Robotics & Automation ETF。這兩支基金的報酬率相當，彼
此競爭。

　　與此類似領域中，還有獲得高績效的方舟投資 ARK 自主技術
與機器人主動型指數股票型基金 ARKQ，ARK Industrial Innovation
ETF。這領域在過去不受矚目，然而近來隨著人們開始意識到第
四次工業革命，開始快速地上漲。物聯網與通訊產業是提升自動
化、精密度、速度的技術，此產業技術可運用於工廠內精密地製
造產品，在外則是運用於如智慧型手機這樣的基礎終端機至自動
駕駛。尤其通訊產業與軍事設備、導引武器之精準度有直接關聯。
無人機所運用的技術、無人機上配備的導引武器能夠精準地瞄準
射擊，都是基於精密的通訊技術。5G 與被稱為 LTE 的 4G 通訊有
什麼不同呢？首先，5G 的數據傳送速度比 4G 快 20 倍。此外，
在 1 平方公里範圍內，可連結 100 萬個終端機或物聯網。因此，
5G 通訊使用比 4G 更寬的頻段，可以大規模且快速傳送如 4K、
8K 這樣的大量數據。未來學者史蒂夫・薩馬蒂諾 Steve Sammartino 在

《分崩離析 Great Fragmentation》一書中首次提出的概念，要走向「超連結社會」的必須要素為 5G 通訊與物聯網。我們現在已活在 5G 世界之中，5G 具有兩樣新特徵，分別是超低延遲性與高可靠性。超低延遲性，指的是通訊環境的端對端傳輸時間非常短，僅為 0.001 秒。若在超低延遲性不佳的情況下，虛擬實境或是多方通訊時就會出現延遲現象，導致訊號失真。超低延遲性不只在雙方虛擬實境上很重要，在無人機或是自動駕駛汽車這類的新移動通訊環境上也是必備的，時速超過 100 公里的車輛，若在發送與接收資訊上出現延遲現象就很容易會發生意外。高可靠性則是與數據的精密度相關。我們透過 GPS 所接收到的位置資訊，存在大約 5 公尺的誤差。與此不同，軍事用 GPS 的誤差範圍則在 1 公分內，十分精準，所以精密導引武器的重點在於 GPS 以及 5G 通訊的精準度。與從遠距離操縱的無人機以及其他軍事設備一樣，自 1999 年開始，直覺手術的達文西手術系統已經累積使用於超過 300 萬次以上，若要執行遠距手術的話，必須將在遠處醫師的精密手部動作數據精準且毫無誤差地傳送至達文西達文西手術系統。5G 的高可靠性，隨著持續發展至 6G、7G，並與自動駕駛互聯汽車、自動駕駛大眾交通、自動駕駛無人機、自動化工廠、擴增實境及虛擬實境、超高畫質數位內容、零售產業、物聯網連結，走向超高速超連結社會。

XLC, VOX 股價圖

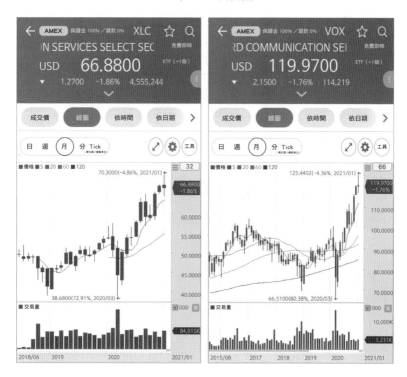

　　投資物聯網與通訊產業最好的方法，是投資集合了通訊產業類股的指數股票型基金。最具代表性的是 SPDR 通訊服務類股指數股票型基金 XLC The Communication Services Select Sector SPDR Fund，XLC 是追蹤美國的 S&P 500 通訊服務類股指數來設計，是通訊類指數股票型基金中規模最大者。2018 年上市的 XLC，年平均成長 21% 以上，以指數顯示通訊服務產業之前景十分看好。與 XLC 競爭且績效相當的另一支指數股票型基金，是 2004 年由領航投資所

發行的通訊服務指數股票型基金 VOX，Vanguard Communication Services ETF。VOX 投資 50% 以上於大型成長股，是受惠於通訊服務產業特性之大規模投資與成長的指數股票型基金。

我們探討了在未來將最受矚目的三項產業，為什麼相對會成長地更快，也一一檢視了，投資集合該產業具前景之企業的指數股票型基金的方法。其實這三項產業，等同於一項產業。生物醫療保健產業在診斷及分析上利用人工智慧，再將通訊和手術機器人結合起來，運用於手術。建構與分析基因遺傳數據庫也是人工智慧的工作。此外，所有這類技術的基礎，都是物聯網與通訊。投資未來最好的方法，就是投資囊括了未來成長幅度最大的產業中備受矚目的企業的指數股票型基金。當然，這些基金也無法避免全球性的經濟危機，但即使沒辦法躲避危機，也會是最先恢復，且在恢復期會最先有創造業績，而且如果它們能夠避免一定程度的危機，就可以提高報酬率。要投資未來，就要以購買最安全、成長幅度最大之產業的方式來進行投資。

在股票市場成功的三種方法

不論是美國或是韓國，在股票市場成功的方法有三種。首先，在最好的市場上市的企業倒閉的機率最低，而且成功的機率高。所以，只要選擇好的市場，再選擇好企業的股票就行了。但問題在於，要選出「好企業」並不容易。對投資人來說，最好的企業

是可以帶來最高報酬的企業，在此前提下，就必須關注在未來價值明確的企業，而非現在。然而，要發掘這樣的企業，幾乎是不可能辦到。就像我在前面的章節說的，以學校和學生舉例說明的，找到第一名來投資就可以了，這是第一種方法。假設產業是科目，那就投資在各個科目第一名的企業即可。通訊服務產業第一名、必須消費品產業第一名，像這樣將第一名組成投資組合即可。

特斯拉、直覺手術股價圖

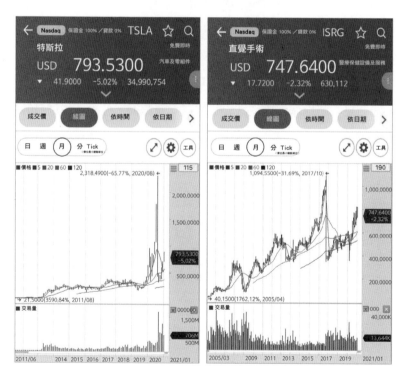

　　第二種是發掘未來會成為第一名的企業。雖然如我前面不斷強調的，這並不容易。必須去鑽研判斷它們遠大的夢想是否可能實現，更重要的是，要能夠購買該企業的股票。這類的企業，總有一天會出現投資機會。無數創新企業雖然有的已經上市，但大多數企業仍在以創意募集投資者，將想法變成現實的階段。在這裡我介紹幾家尚未上市的重要企業。「23 與我」23 and Me，是一家建構人類的遺傳基因數據庫，並利用於找出人類的疾病以及預防方法的公司；「Organovo」擁有使用人類的自體細胞的技術，並以 3D 列印機印出器官進行移植；伊隆·馬斯克的「SpaceX」是全球最大民營宇宙企業，其中「星鏈計畫 Starlink Project」發表人類跨越月球移居火星的計畫震驚全球，接著又推動了發射 11,925 顆人造衛星，將地球整體連結成一個巨大通訊網，並從 2020 開始提供服務；還有宣布要與的 SpaceX 競爭，由 Amazon 的傑夫·貝佐斯所創立的「藍色起源 Blue Origin」；以及比這兩間企業更早將太空旅行商業化，從今年開始正式展開太空旅行的理查·布蘭森 Richard Branson 的「維珍銀河 Virgin Galactic」；最後是 1999 年開始，使用達文西手術系統幫助 300 萬名以上的病患，找回生命希望的「直覺手術」，這些都是具代表性的創新企業，都值得長期關注，等待其未來成長與上市。

　　最後一種方法，是結合指數股票型基金與未來可能會成為第一名的企業來投資。我認為，人類最後進軍的產業，是太空開發。從太空取得資源、在太空旅行甚至是離開地球移居太空這類

的議題，可算是解釋了為什麼人類能存在於地球 20 萬年並發展了先進的科學。因此，要去談論太空開發產業的價值是不可能的。在這本書所出版的 2021 年 3 月底，由我在前面所介紹的方舟投資所發行，以太空開發企業為主所組成的指數股票型基金，ARK 太空探索與創新主動型指數股票型基金 ARKX ARK Space Exploration & Innovation ETF 上市。ARKX 的主要投資領域為可回收再利用火箭研發企業、人造衛星或火箭等地球軌道飛行體研發企業、電動飛機和航空無人機研發企業等，與此類似的指數股票型基金有 SPDR 標普 Kensho 最終邊境指數股票型基金 ROKT The SPDR S&P Kensho Final Frontiers ETF 和 Procure 太空指數股票型基金 UFO Procure Space ETF。

拋棄跟金錢有關的錯誤想法

不懂得管理錢的人留不住錢。不懂得管理錢的人，即使突然得到一大筆錢，這些錢也只會像煙霧一樣消失得無影無蹤。有人說，對待錢要像對待人一樣。這句話的意思與我前面所說明的「錢是用人生的時間來換取的東西」相似，目的是提醒大家要慎重地對待。成功賺大錢的人，都有一套自己對於金錢的哲學，但並不是任何人套用這套哲學就能賺到錢，而且也沒有一定要照做的理由。然而對待錢的態度，會直接影響到現在以及未來的金錢，從而改變人生。

首先，對待錢的時候，要將這三件相關的事情銘記在心。第

一，實際錢的大小是相對的，而隨著時間錢的大小差異會更大。對 25 歲的年輕人來說，100 萬韓元不過是一台智慧型手機的價錢，但如果好好投資，每年成長 15%，35 年後的 60 歲時，這筆錢就會增長 128 倍，變成 1 億 2,800 萬韓元，這點要時時放在心上。第二，使用一大筆錢與小錢的時候，要更慎重地看待小錢。對於一大筆錢，大家都會慎重地保管、使用或投資，然而小錢，大部分人都是毫不在乎地使用。要有 1 億韓元，必須要存 1 萬張 1 萬韓元，即使只少 1 張，也就不會是 1 億韓元了。第三，想有一大筆錢，必須忍耐。忍耐不消費，選擇儲蓄與投資，忍耐直到投資的錢因複利而成長。

最後，想賺錢的話，必須拋棄跟金錢有關的三個錯誤想法來開始投資。如果不拋棄與金錢相關的錯誤想法，就結果來看，就等於是把錢丟掉。與金錢相關，最常見的錯誤想法，第一，要根據自己的能力努力工作來賺錢。如果這是正確的想法，那就表示能力不足的人永遠都不會有錢。然而在資本主義社會中，除了個人的能力之外，還可以透過投資其他企業利用他們的能力來賺錢，把自身賺來的錢投資在更有能力的地方。不過，在投資的時候，要注意去找可以把風險降到最低的方法，還有投資在即使成長速度慢，仍持續成長的地方。如果不投資，僅靠自身的能力賺錢，大部分很難脫離貧窮。第二，大家都在買時我也要買，大家都在賣時我也要跟著賣的想法。所有的資產都一樣，必須在便宜的時候買，貴的時候賣出才能賺錢。所有人都在買的時候，是最貴的

時候；所有人都在賣的時候，是最便宜的時候。在投資中勝利的人，是在危機中發現機會的人。第三，要等到存到一大筆錢才要開始投資。投資是省下部分的花費，比如在發薪日或是有錢的時候就進行，不是存一大筆錢才開始投資，而是透過投資來賺取一大筆錢。要記得，透過投資賺到的錢，會持續因複利而加快速度增長，累積財富。

泡沫似乎要崩潰卻又還沒崩潰的時期，還沒有結束，還有時間利用錢的力量，讓資產增加。然而當所有人都沉浸在派對的高潮之中時，我們就必須離開這場派對。接著，再次盤點自己持有的資產，等待派對結束。當全世界都知道派對結束了，沒有剩任何東西能吃了的時候，我們要繼續忍耐、繼續等待。等到所有人都忘記，過去曾經有過盛大派對的時候，我們就要開始為了下一次的派對做準備。

第 **6** 章

泡沫崩潰與美國霸權

瑪麗安東妮的斷頭台

　　瑪麗安東妮王后生於 1755 年，逝於 1793 年，享年 38 歲。在她逝世之前，度過了燦爛又悲劇彷彿煙火一般的人生。她是奧地利公國的哈布斯堡家族瑪麗亞・特蕾莎女王的小女兒，在維也納出生。14 歲時因策略聯姻與法國波旁家族的路易十六結婚，接著在 1774 年隨著路易十六即位成為了王后。1789 年，爆發了法國大革命，在 1789 年 10 月 6 日被強行帶到位於巴黎的王宮，在市民的監視下過著被軟禁的生活，直到 1792 年 8 月 10 日。於 1793 年 10 月 16 日她以浪費國庫和企圖反革命的罪名被送上協和廣場的斷頭台處死。瑪麗安東妮王后，世人普遍認為是奢侈的代名詞。然而，根據各種歷史記載，她其實是波旁王朝王后中最勤儉節約的一位，她之所以被冠上奢侈的代名詞，其根本原因是法國的財政惡化加上大饑荒，人民的不滿情緒高漲。

　　當時的法國，因路易十四廢除南特詔令，導致新教徒工商人士移居海外，英法戰爭戰以及支援美國獨立戰爭，使得財政惡化到十分嚴重的地步。再加上大饑荒，人民的生活窮困潦倒，與人民的苦痛相比，以王后身分來說，即使瑪麗安東妮王后再勤儉節約，也已經是享盡極致豪華奢侈的生活了。要說瑪麗安東妮王后的奢侈程度，就不能不提到被詛咒的四大鑽石。瑪麗安東妮王后，是唯一擁有這四大被詛咒的鑽石之人。最有名的 44.5 克拉希望鑽石害死了多位主人，包括瑪麗安東妮王后，現在展示於美國華盛

頓史密森尼博物館。黃色的 132.27 克拉佛羅倫斯鑽石，使神聖羅馬帝國、波旁家族、拿破崙帝國、哈布斯堡家族都沒落後，現下落不明。桃子籽形狀的 55 克拉淡銀白色仙希鑽石，在英國光榮革命時，隨著詹姆士二世流亡法國，歷經瑪麗安東妮王后，落入了羅曼諾夫王朝的手中，這顆鑽石可說是參與了光榮革命、法國大革命、俄國革命三大革命，並獲得了促使歐洲三大家族沒落的「殊榮」，在 1906 年落入百萬富翁威廉·阿斯特的手中，在他死後，夫人將此鑽石捐贈給羅浮宮。紫色的 140.5 克拉的攝政王鑽石，從印度到法國王室經歷瑪麗安東妮王后，在法國大革命之後，被裝飾於拿破崙的寶劍劍柄上，但在拿破崙下台以後，轉藏於羅浮宮博物館。

　　瑪麗安東妮王后的奢侈，帶動洛可可文化興起。洛可可是 18 世紀在法國出現的藝術形式，是基於巴洛克風格進行修改，其特徵是如實展現 18 世紀貴族階級之奢侈的華麗色彩以及細膩的裝飾。洛可可的先鋒是瑪麗安東妮王后，她的藝術品味加上王室的奢侈，開啟了繼巴洛克時代後，受矚目的洛可可新時代。瑪麗安東妮王后是引領全歐洲流行的明星。她在音樂方面的造詣很深，曾在宮廷舉行歌劇演出，除此之外，美術品味也很卓越，甚至破例提拔女畫家為宮廷畫家，引領法國成為了歐洲文化中心。由瑪麗安東妮王后所設計的「小特里亞儂宮 Petit Trianon」，被評為細緻優雅的洛可可文化極致。從文化觀點來看，隨著被視為洛可可女王的瑪麗安東妮王后去世，洛可可文化也突然地宣告結束。或許

洛可可文化沒能成為代表該時代的思潮，是因王后的早逝。

　　泡沫一定是不好的嗎？近期關於股市是否再度延長禁止賣空的爭議，討論十分激烈。政府當局，應是有鑑於賣空可阻擋股市泡沫的正面效果，認為應再次允許市場賣空交易。這樣的思維隱含著泡沫是不好的意思，但是泡沫一定是不好的嗎？我認為並不是。因此，為了阻止泡沫而需要允許賣空的論點並不成立。賣空僅限於造市商 market making 證券公司，這不僅與造市沒有任何關係，而且造市商即證券公司，也沒有阻擋泡沫的責任。這樣的論點，不過是將這兩點混合起來講的詭辯而已。此外，泡沫也有好處，若阻擋了泡沫，那這些好處要去哪裡找呢？1630 年代荷蘭的鬱金香泡沫，讓所有的國民都震驚，是首次且有史以來最大規模的恐慌。然而也因為這次的泡沫，讓荷蘭的育種學發展更上一層樓，也是使荷蘭成為全球最厲害的園藝國家之契機。1990 年代末期的網際網路泡沫又是如何呢？無數人受到泡沫崩潰的波及，Serome Technology 的股價暴漲神話，至今仍未被打破，最終 Serome Technology 面臨破產和下市的命運，使無數人損失慘重。不過，沒有人會有異議，這一次的泡沫，為韓國的第四次工業革命奠定了基礎。比特幣也是一樣，即使最後會迎來與鬱金香泡沫一樣的命運，也為區塊鏈技術的發展與擴散帶來貢獻，成為走向未來社會的一大動力。目前的不動產泡沫，會使得市場上供應更多良好的住宅，股市泡沫有助於使企業走向世界一流的企業。泡沫，也是使目前無數仍不知名的企業，成為明天的 NAVER、KAKAO 的

基礎。所以，泡沫是好的。就像瑪麗安東妮王后煙火一般的奢侈，造就了洛可可文化，泡沫的瘋狂，改變世界。沒有奢侈就不會有文化發展；沒有泡沫就不會有工業革命。因為讓所有人盲目地投入的瘋狂，是改變世界的原動力。

　　泡沫總有一天會崩潰，不可能永遠持續。就像瑪麗安東妮在協和廣場上的斷頭台被處死，迎來煙火一般的結局，泡沫也會在某一瞬間如煙火一般絢爛，然後走向斷頭台，接著在頭落下的瞬間，就由黑暗來支配市場。若是個明智的投資者，在此會提出三個問題。第一，泡沫勢必會破，美國會不惜硬著陸來升息嗎？第二，如果明知泡沫會崩潰卻仍是升息，其原因是什麼呢？是不是想借此機會毀掉所有競爭國家，鞏固國際霸權地位？第三，泡沫崩潰後的世界會是什麼樣子，應該要如何尋找機會？要有這樣的疑問，才可以算是具有成功潛力的投資人姿態。

泡沫崩潰，無法逃脫的宿命

　　首先，我們來看看泡沫崩潰是否會導致經濟硬著陸。泡沫消除的過程有兩種，

　　一種是自然而然地逐漸消除，對經濟不會造成巨大影響的軟著陸。另一種，是泡沫突然破裂，導致市場大跌的硬著陸。硬著陸會對全球經濟造成巨大影響，帶來的痛苦難以言喻。無數的人失去工作成為失業人士，也會有許多人失去房子，沒有了遮風避

雨的地方，成為流浪漢，生病了也沒辦法去醫院，兒童節買不起任何禮物給孩子，隨著無數的離婚、犯罪、自殺，幸福也消逝而去。沒有任何人想看到硬著陸，但是硬著陸還是會發生。1997 年金融危機，就這樣發生在韓國。1995 年，美國在一年內調升了基準利率 2%。2% 聽起來好像不多，但以基準利率來說，是非常快的升息速度。全球的美元資金像是被真空吸塵器快速吸回美國，南美洲、亞洲、俄羅斯全都出現美元不足的情況，韓國最終也舉手投降。我們必須去學習「延期償付 moratorium」這一生硬的單字代表著什麼，而且第一次知道為了維持美元儲備而設立的國際貨幣基金組織IMF的所作所為比高利貸更可怕。美國聯準會的升息，具有無比強大的威力。1 年升息 2%，讓包含俄羅斯的全球十多個國家，都陷入了金融危機的地獄。此後，美國聯準會被指為全球金融危機的罪魁禍首，受到了相當大的批判。身為主要貨幣國，美國的中央銀行也不斷受到批判，做出了不該做的事情，且 IMF所提出之金融援助交換條件過於殘酷，也受到譴責。

即使如此，美國聯準會的立場依舊不變，聯準會不是全球的中央銀行，它受到美國優先的基本主張牽制，制定美國國內的利率政策，無法去考慮其他國家的情形。這樣的立場出現變化，是從次貸危機時開始。次貸危機，是全球性的泡沫崩潰，是美國聯準會首次提起「中央銀行之間的政策互助」。全球主要國家的財務長官聚集在一起，相約要一起決定共同的應對方案。各國認知到貿易保護政策會讓全球大恐慌更加惡化，因此沒有封鎖邊境。

在降息部分，各國也決定步調一致，同時也編審了赤字財政，由於全球齊心協力應對，才避免了可能會是史上最嚴重的經濟大恐慌。美國聯準會為何在 2008 年進行了 1997 年沒有實行過的政策互助？很簡單，因為次貸危機的震央在美國。美國闖禍了，為了從危機中脫離需要其他國家的協助。美國的景氣復甦不穩定，因此，連帶其他國家也未能共同達到景氣復甦。當其他國家的景氣下滑，美國的景氣也會受到影響，所以美國才會有所警戒。若認為美國的政策互助，是因為聯準會突然下定決心要成為偉大的全球中央銀行，是完全錯誤的判斷。至今，美國聯準會仍然是僅關注美國資產市場與實體經濟。在美國的資產市場製造泡沫，透過這樣來誘導實體市場實現高壓經濟，這樣的做法，對其他國家會有什麼影響，它們並不在意。

　　美國不管泡沫是不是會蔓延到其他國家，為了讓停滯的景氣重新復甦，美國所提出的大規模赤字財政政策，沒有人覺得有問題，反而還認為赤字幅度不夠充分。相反地，當其他國家想實施赤字財政政策，提高國家負債比率，IMF 馬上就會出動了。穆迪公司或 S&P 信用評等公司也會拔刀相對。為什麼其他國家不行，只有美國例外呢？很簡單，因為美國是主要貨幣國，且美國的霸權主義要享盡身為主要貨幣國的好處。美國的財政赤字在其定義上是貿易逆差，舉例來說，拜登政府的 1 兆 8 千億美元財政赤字會導致 1 兆 8 千億美元的貿易逆差。美國的貿易逆差，對其他國家來說是貿易順差，如中國、韓國、德國等國家，這些國家手上

必須持有 1 兆 8 千億美元的貨幣,然而任何國家都無法將這筆錢以美金鈔票的形式存在中央銀行的地下倉庫。舉例來說,假設韓國對美有 1 千億美元的貿易順差,如果你認為,這代表著韓國銀行從美國收到價值 1 千億美元的鈔票,並存在地下倉庫的話就錯了。韓國銀行在美國銀行紐約分行開設的韓國銀行帳戶中存入 1 千億美元,而且不會有任何利息,所以這筆錢就會用來購買美國國債。這樣一來,美國的財政赤字國債之發行,透過這樣的貿易機制與韓國購買美國國債連結了。相當於美國不用付出任何代價,就可從韓國這裡得到相當於 1 千億美元的商品來使用。當然,韓國有權利向美國要求贖回價值 1 千億美元的商品。然而,若美元走弱,韓國的權利也隨之減少導致虧損。以上所說的,都是在韓美關係良好的前提下。若發生戰爭,韓國所持有的美國國債就會變成廢紙,因為美國一毛錢也不會還。對美國來說,這筆交易不論成敗都不會有太大損失,然而韓國卻要十分努力才能不虧損。

美國像這樣印鈔,掠奪其他國家商品的同時,在全球的股票市場上也形成泡沫。當一個國家的經濟結構越是容易出現貿易順差、貿易順差越大時,就會更快形成更大的泡沫。美元走弱是因為美國美元的大批出走,而這些美國美元流入韓國,在股票市場上製造泡沫,並在股價達到高點時賣出,一併賺走因對美貿易順差造成的股價上升帶來的差價。美國的經濟結構是不花錢,改發行財政赤字國債來進口商品使用,只有韓國的螞蟻們被套牢在股價最高點的結構。韓國股市是否會形成泡沫、泡沫崩潰與否,不

是美國聯準會關心的事情，只有當會對美國經濟造成不好的影響時他們才會去注意。若美國的經濟持續過熱，到了泡沫即將崩潰的情形時，美國會如何反應呢？一定是升息收回貨幣。與其顧慮韓國股市的泡沫崩潰，自己國家的經濟更是優先考量。因此，我希望大家不要有錯誤的認知，認為美國聯準會因為擔心韓國股市泡沫崩潰，選擇緩慢且微幅升息。這樣的話，美國股市的未來走向就是關鍵。讓我們來看看美國 S&P 500 指數變化，圖上標示出三次的經濟危機。第一個是次貸危機。S&P 500 指數，在三次危機時，分別顯現了不同的特性。第一次的次貸危機，是美國金融市場內部的危機。危機也相當大程度地反映於股市，危機過後至恢復到過往指數水準，花了至少 6 年的時間。

美國 S&P500 指數變化

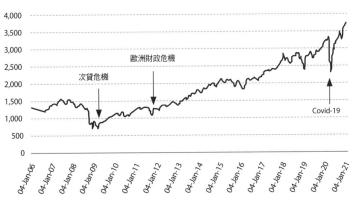

資料：investing.com

　　第二次則是歐洲財政危機。這次不是美國，而是歐洲的危機。歐洲的部分南歐國家，甚至惡化至出現擠兌的情況，然而美國股市並未受到大波及，是美國外部的危機。第三次則是 Covid-19 大流行。這次不是金融市場內部的問題，而是暫時性的外部衝擊。雖然沒有物理性衝擊，本質上與颶風、地震屬於同一類型。雖然處於黑暗的隧道之中，但可以看到曙光，只要疫苗出現在隧道盡頭危機就能解除。雖然美國的 S&P 500 在當時也受到很大的衝擊，反映在指數上，但很快就恢復到原來水準，因為只要出現疫苗，就可以回復原狀，所以指數先反映了未來的情況。雖然這種外部衝擊會給股價帶來暫時的衝擊，但這不能說是真正的修正，反而是在因應暫時的實體經濟萎縮過程中，所增加的流動性，使得股市過熱情形加劇。美國的股市就像失控的火車，不斷狂奔。2008年次貸危機爆發，2009 年初觸底後，就未經歷任何修正，持續上升。歐洲財政危機對美國沒有造成什麼影響，Covid-19 大流行，也只不過是暫時的衝擊。雖然因為疫情，實體經濟的情況很差，然而這反而造成供給市場更多流動性，就像給這輛火車放進更多的燃料。結果很簡單明瞭，美國股市正在形成有史以來最大的泡沫，在疫情終結時，就代表美國聯準會將會開始收回流動性。釋出的流動性越多，就代表著要以更快的速度升息，否則泡沫將會再也無法控制。若美國聯準會面臨危急狀況，沒有多餘心思擔心其他國家時，就會開始快速升息，收回貨幣。這樣一來，韓國股市將無可避免受到直接衝擊。

泡沫崩潰對美國並無不利

當在戰場上與敵軍交戰時，若我方處於絕對劣勢時，會使出最後的手段 —— 發動空襲。在彈如雨下的情況下，任何一方都無法保證安全，而至少我方知道砲彈即將落下，而敵軍一無所知，我方至少有躲藏的機會。美國的升息就像空襲落下的砲彈，不分敵我，因為美元是基礎貨幣，不會針對特定國家，而是對全球都造成影響。升息對誰會造成更大的損失？當然是新興國家。在美國或許是造成股市修正，抑制過熱。對新興國家經濟卻會造成泡沫崩潰，股市暴跌，不動產市場落入瀕死狀態，韓國也無法倖免。不動產價格早已突破天際，過去總是評價過低的股市，也隨著不動產價格不斷攀升。若考慮到東學螞蟻們已將韓國股市的基盤擴大，指數 3000 點並不算過高，未來說不定會走向 3,500、4,000 點。然而在 2021、2022 年後的某一瞬間，泡沫將會突破天際，這時開始，就要時時注意泡沫崩潰。首先會從不動產市場開始。大致來說，不動產市場泡沫崩潰會先於股市，並且，在股市會爆發問題，原物料超級循環的崩潰，使得股市陷入雙重的混亂之中。

問題在於中國。中國市場就如同其他高速成長國家，充滿著泡沫。2021、2022 年後，不動產市場與股票市場都應累積了相當程度的泡沫，若再加上美國升息的打擊，中國經濟將會受到嚴重的破壞。以美國的立場來說，相較與我軍，敵軍所受到的衝擊更大，它們將滿足於這樣的結果。美、中之間的霸權之爭下，即使

我軍受到損害，也會十分開心對敵軍的打擊奏效。經濟層面上來看，會更加強化美國的美元霸權。流往海外的美元重新回流美國，美元走強，而且回流的這些美元，還加上了在各國股市上賺進的錢。美國股市即使暫時會受到衝擊，隨著時間過去就會恢復了，不動產市場也一樣。與此不同，維持住美元霸權地位，對於由美國主導的金融霸權來說至關重要。另外，在產業方面也有十分重要的議題，中國股市的暴跌，具有阻斷中國未來新成長產業的資金鏈效果，因此可以減緩中國的追趕速度。

產業競爭力，就等同於軍事競爭力。其實，並不是因為川普總統有一點「瘋狂」，才會追著華為、小米打。川普總統以華為及小米是中國軍、共產黨所屬企業這樣的理由在打壓著這些中國企業，如果美國真的下定決心要開始打擊，這兩家企業都逃不過滅亡的命運。其實，要是沒有美國的技術，沒有任何國家有辦法生產半導體。如果美國不再向華為和小米供應半導體，韓國和臺灣都不得不效仿，中國在半導體設計方面具備超群的實力，但在本國領土內並沒有半導體製造設備。如果沒有半導體，華為和小米就什麼也做不了。那麼，美國為什麼要對這些頂尖企業進行制裁呢？因為 5G、6G、7G 技術是決定新一代無人軍事力的核心技術。無人軍事力必須仰賴可即時連線的無線通訊網。川普會聲稱中國竊聽美國，原因也是在此。

美國以金融霸權與新產業霸權為基礎維持其軍事霸權。因此，泡沫崩潰對於美國來說，是一筆完全沒有虧損的交易，更沒

有必要去阻擋其他國家的泡沫崩潰，反而其他國家的泡沫崩潰得越徹底，對美國更有利。只有當美國自己會受大強烈的波及時，美國才會去阻擋其他國家的泡沫崩潰。2023 年泡沫崩潰，並不是美國的崩潰。雖然快速的升息，會讓美國也處境艱難，但相對來說，美國所受到的影響會比較小。因為升息步調，會依據美國市場的狀況做調整。其他國家，將面臨自 2008 年以來 15 年間所形成的巨大泡沫，一次崩潰的悲劇，而標靶的中心將會在中國。而韓國，因為與中國經濟上的連動性，無法避免連帶受到波及。

結語

贏家與輸家

　　泡沫崩潰讓許多人的命運交錯。甘迺迪總統的父親在關鍵時刻離開了股市，獲取了巨大的財富。但是，能夠及時撤離股市的人少之又少。大部分人無法避開崩潰，只能坐上雲霄飛車，長時間地等待救難隊直到經濟復甦。在關鍵時刻，決定性的選擇將決定命運。不管是股市還是不動產市場，比起何時上車，何時該下車更難以捉摸。贏家與輸家，50% 決定於上車時機，其餘 50% 則決定於下車時機。如何掌握下車時間，我已在前面章節說明。那麼要掌握上車時機，什麼是重要的呢？掌握新趨勢。這次 Covid-19 大流行，創造了零接觸商機。另外，在股市因為 Covid-19 暴跌的情況下，選擇投資生技製藥類股的人，實現了最高報酬率。除此之外，選擇零接觸相關股票的人，也實現了好幾倍的報酬率。

　　相反地，選擇非零接觸類股票的人仍賺不回本金，有的企業甚至面臨倒閉的命運。即使不到破產程度，也面臨了減資和股票註銷的命運。泡沫崩潰，總是會創造新模式。隨著人民的生活方式改變，過去所以為的主流趨勢都將隨之改變，形成新的趨勢。2008 年的次貸危機，將原本以大型公寓為主流的趨勢，轉為中小型公寓。Covid-19 大流行帶來了零接觸商機，短期內零接觸將是主流。那麼 2023 年泡沫崩潰將帶來什麼樣的未來呢？若能知道未來的趨勢，就等於拿到開往天堂直達車車票。首先，讓我們整

理一下可以考慮看看的幾項主流趨勢。我所列出的不一定是全部，也不能確定是完全正確的。因為大致來說，新模式只有在真實發生了以後才能明確地知道。但是，去練習思考是非常重要的，只有平時有訓練，才能在泡沫真的即將崩潰的時刻，輕鬆發現新模式。我希望各位讀者也能整理一下自己的想法。

首先，全球經濟會在不知不覺中，不斷累積泡沫。如我先前所提過的，全球經濟是不斷重複泡沫的累積和崩潰。正確地來說，這是景氣循環，但全球經濟被綁在一起，產生鞦韆效應，導致危機和泡沫反覆出現。鞦韆效應是指比起一個人盪鞦韆，兩個人面對面盪鞦韆時，能形成更大幅度的擺動。世界各國的央行，將會再次以零利率和量化寬鬆來應對，巨大的財政赤字也將無法避免。然後在無人察覺的情況下，像小偷一樣悄悄地累積泡沫，與其說這是危機後的模式，不如說是 1990 年代中期以後所出現的超長期模式。進入 21 世紀後，這種模式呈現增強的趨勢。這既是一個機會，也是一個危機。若能順勢而為，則可以獲得巨額的投資報酬。投資一次投資報酬率就可以達到好幾百％。不動產的報酬率更高。如果這種循環每 5 至 10 年出現一次，那麼即使一開始只有小錢，20 年後也可以進入富豪之列。但是，如果倒著坐上了雲霄飛車，原有的錢就會變成廢紙了。

從國家層面來看，應該思考中國發生金融危機的可能性，並密切關注，原因在於，如果因為影子銀行 Shadow Banking system 導致國內金融系統崩潰，整個經濟狀況都會連帶無情地崩潰。有些人幻

想中國共產黨十分強大，任何事情都可以抵擋，但這是絕對不可能的。一旦發生金融危機，排山倒海的問題是無法透過印鈔解決的，要做好出現惡性通貨膨脹的心理準備。巨大的經濟體雖然不會輕易崩潰，但一旦崩潰就會變成無法控制的地步。另外，也有人說，中國的外匯存底達 3 兆美元，所以不會有問題。3 兆美元確實是一大筆錢。但也可能會像上次一樣，為了防止匯率波動、貨幣價值下跌，而犯下損失 1 兆美元的失誤，再加上像中國規模這麼大的經濟體，3 兆美元根本不算什麼，若考慮到 3 兆美元中很大一部分是被控制在不能任意使用的地方，實際上可用的外匯存底並不到 3 兆美元。而且，因為經濟規模大，資金一旦開始流出，就會一瞬間都流出。無論如何，若中國發生金融危機，它的政治體系也十分可能面臨危機。人均 GDP 3,000 美元，是人能維持基本生存的所得水準，若基本生存的問題解決了，就會開始出現要求民主化的聲音，韓國也是歷經如在 1970 年發生於東大門平和市場的全泰一自焚事件，1979 年 YH 貿易佔領新民黨黨部舉行靜坐示威抗議後才走上民主化之路。中國經歷了天安門事件、香港示威事件，天安門事件是很初期發生的事情，而香港示威事件，因為是在較小的區域發生，中國可以官方力量鎮壓，但沒有人知道未來的民主化運動會以什麼樣的形式出現。尤其中國在快速成長過程中，共產黨的政商勾結比其他國家都要嚴重，所得兩極化嚴重，這將使從鄉下進入都市工作的農民工，感受到嚴重的相對剝奪感，因此中國是危險的國家。若以外匯危機的角度來看，還

有一個值得特別注意的國家是越南。越南是新興快速成長國家，也是經常外匯存底不足的國家。因為嚴重的經濟危機，幾年前房地產市場曾經開放外國人投資，那時動作很快的江南貴婦們，大舉投資越南房地產。若接下來，越南經濟再次遭遇困難，越南公寓會是值得關注的投資點。

在韓國，偏好投資股市的現象也將會加深。當然，仍存在不動產的投資機會，然而資產投資組合比重的改變趨勢，將比現在更明顯。這種現象的出現，一部分可歸功於 YouTube 造就的「聰明螞蟻」增加。然而在未來，目前佔據投資組合絕對性比重低的股票，比重將會自然地上升，成為投資組合中佔據相當比重的資產。這樣一來，股市將會迎來重新評價，成為本益比 20 倍以上的股市，股價也會隨之上漲。與此相關應一併考慮的還有韓元的新可能性。至今韓元在面臨全球金融危機時，出現匯率上升價值下跌的現象，未來轉變為匯率下降價值上升的可能性高。換句話說，在出現金融危機時，可能會出現 1 美元兌換 900 甚至是 800 韓元的匯率。這也表示，出現金融危機時應該投資海外，掌握機會。韓元走強加上海外股市走弱，僅靠這兩項就能獲得相當高的報酬率。西學投資（投資海外股市）、越南不動產都是一樣的概念。再補充一點，這可能會成為韓國傳統產業夕陽西下的契機。韓國的傳統產業，已經被中國奪走了競爭力，僅僅是偶爾受惠於匯率上升、韓元貶值，然而未來，因匯率而生的優勢也將會消失。下一次的全球金融危機，對於韓國的傳統產業，將會是一次艱難的

試煉。

現在在我們眼前的，是過去未曾經歷過的新世界。下一次的危機，將會成為與過去開發年代徹底脫鉤的契機。那是還沒有人知道的未知世界。對於未知的恐懼是最大的恐懼，所以大部分的人在面對恐懼時會踟躕不前，無法做出選擇、踏出腳步。然而致富的機會是屬於不畏懼未知、一步一步向前走的人，我希望這本書的讀者，都可以昂然地面對未知的未來，勇往直前走向新世界。

高寶書版集團
gobooks.com.tw

RI 359
疫後經濟大崩盤：通膨海嘯後崩盤的市場與新商機
트리플 버블

作　　者	韓相完한상완、趙炳鶴조병학
譯　　者	李于珊、顏崇安
責任編輯	吳珮旻
校　　對	鄭淇丰
封面設計	林政嘉
內文編排	賴姵均
企　　劃	何嘉雯
版　　權	蕭以旻、張莎凌

發 行 人	朱凱蕾
出　　版	英屬維京群島商高寶國際有限公司台灣分公司
	Global Group Holdings, Ltd.
地　　址	台北市內湖區洲子街 88 號 3 樓
網　　址	gobooks.com.tw
電　　話	（02）27992788
電　　郵	readers@gobooks.com.tw（讀者服務部）
傳　　真	出版部（02）27990909　行銷部（02）27993088
郵政劃撥	19394552
戶　　名	英屬維京群島商高寶國際有限公司台灣分公司
發　　行	英屬維京群島商高寶國際有限公司台灣分公司
初版日期	2022 年 4 月

트리플버블
(Triple Bubbles)
Copyright © 2021 by 한상완 (Han Sang wan), 조병학 (Cho Byoung hak)
All rights reserved.
Complex Chinese Copyright © 2022 by Global Group Holdings, Ltd.
Complex Chinese translation Copyright is arranged with INSIGHT & VIEW
through Eric Yang Agency

國家圖書館出版品預行編目（CIP）資料

疫後經濟大崩盤：通膨海嘯後崩盤的市場與新商機 / 韓相完（한
상완）, 趙炳鶴（조병학）著；李于珊, 顏崇安譯. -- 初版. -- 臺
北市：英屬維京群島商高寶國際有限公司臺灣分公司, 2022.04
　　面；　　公分 .--（致富館；RI 359）

譯自：트리플 버블

ISBN 978-986-506-358-0（平裝）

1.CST: 國際金融市場　2.CST: 金融危機　3.CST: 市場預測
4.CST: 投資

561.83　　　　　　　　　　　　　　　111001702

凡本著作任何圖片、文字及其他內容，
未經本公司同意授權者，
均不得擅自重製、仿製或以其他方法加以侵害，
如一經查獲，必定追究到底，絕不寬貸。
版權所有　翻印必究

GOBOOKS
& SITAK
GROUP©